新税法下
个人所得税纳税筹划

闫红艳 著

 中山大学出版社
SUN YAT-SEN UNIVERSITY PRESS

·广州·

版权所有　翻印必究

图书在版编目（CIP）数据

新税法下个人所得税纳税筹划／闫红艳著． -- 广州：中山大学出版社，2025．6． -- ISBN 978-7-306-08412-5

Ⅰ．F812.424

中国国家版本馆 CIP 数据核字 20257GW529 号

出 版 人：	王天琪
策划编辑：	陈文杰　谢贞静
责任编辑：	孙碧涵
封面设计：	林绵华
责任校对：	高津君
责任技编：	靳晓虹
出版发行：	中山大学出版社
电　　话：	编辑部 020-84110283，84113349，84111997，84110779，84110776
	发行部 020-84111998，84111981，84111160
地　　址：	广州市新港西路 135 号
邮　　编：	510275　　传　真：020-84036565
网　　址：	http://www.zsup.com.cn　E-mail：zdcbs@mail.sysu.edu.cn
印 刷 者：	广州小明数码印刷有限公司
规　　格：	787mm×1092mm　1/16　10.75 印张　205 千字
版次印次：	2025 年 6 月第 1 版　2025 年 6 月第 1 次印刷
定　　价：	68.00 元

如发现本书因印装质量影响阅读，请与出版社发行部联系调换

前　言

个人所得税纳税筹划是指在合法合规的前提下，通过对个人收入结构、税收政策、优惠条款的科学规划，合理降低税负、优化财富配置的财务管理行为。随着我国税收制度的不断完善，个人所得税法历经多次修订，尤其是2019年开始实施的最新的《中华人民共和国个人所得税法》，引入了综合与分类相结合的税制、专项附加扣除、年度汇算清缴等新机制，既增强了税收公平性，也为纳税人提供了更多的筹划空间。

在当前经济环境下，高收入群体、企业高管、自由职业者、股权投资者等面临的个税问题日益复杂。如何在法律允许的范围内，通过合理的收入安排、税收优惠政策应用、投资结构优化等方式降低税负，已成为个人财务管理和企业薪酬激励的重要课题。

本书旨在系统梳理我国个人所得税法律法规及最新政策，结合典型案例，提供合法、可行、高效的纳税筹划策略。内容涵盖工资薪金、劳务报酬、股权激励、财产转让、投资收益等多个涉税场景，帮助纳税人规避税务风险，实现税负优化。

特别说明：纳税筹划必须以税法遵从为前提，任何违反税收法规的"避税"行为都可能面临税务稽查风险。本书提供的方案均基于现行有效政策，读者在实际操作中应结合自身情况，必要时咨询专业税务顾问，确保合规性。

希望通过本书，读者能够掌握科学的个税筹划方法，在合法节税的同时，提升个人及企业的财务管理水平。

目 录

第1章 个人所得税和纳税筹划概述 1
- 1.1 个人所得税概述 3
- 1.2 纳税筹划概述 5

第2章 个人所得税常见的节税方法 11
- 2.1 个人收入转为企业费用 13
- 2.2 将日常费用转为差旅费等进行报销 13
- 2.3 酌情改变薪酬分发惯例 14
- 2.4 调节年终奖金与工资进行纳税筹划 14
- 2.5 改变契约的个人所得税筹划 15
- 2.6 借助公益捐赠的个人所得税筹划 15
- 2.7 合规发票有助于节税 16
- 2.8 转变纳税人身份进行筹划 16

第3章 一般所得纳税筹划 19
- 3.1 工资、薪金所得纳税筹划 21
- 3.2 劳务报酬所得纳税筹划 41
- 3.3 稿酬所得纳税筹划 47
- 3.4 特许权使用费所得纳税筹划 52
- 3.5 经营所得纳税筹划 54
- 3.6 财产租赁所得纳税筹划 65
- 3.7 财产转让所得纳税筹划 68
- 3.8 利息、股息、红利所得纳税筹划 71
- 3.9 偶然所得纳税筹划 79

第4章 特殊所得纳税筹划 85
- 4.1 非上市公司股权转让所得筹划 87

4.2	上市公司、挂牌公司股票或其他权益性证券转让所得纳税筹划	90
4.3	股权激励所得纳税筹划	96
4.4	创业投资税收优惠政策	105
4.5	房屋相关所得纳税筹划	118
4.6	年终奖的纳税筹划	125
4.7	公益慈善事业捐赠支出的纳税筹划	127
4.8	债券投资纳税筹划	134
4.9	通过转变企业设立形式进行筹划	135

第 5 章 专项附加扣除纳税筹划　137

5.1	子女教育专项附加扣除筹划	139
5.2	继续教育专项附加扣除筹划	143
5.3	大病医疗专项附加扣除筹划	146
5.4	住房贷款利息专项附加扣除筹划	149
5.5	住房租金专项附加扣除筹划	150
5.6	赡养老人专项附加扣除筹划	152
5.7	婴幼儿照护专项附加扣除筹划	154

第 6 章 个人所得税纳税筹划典型案例　157

6.1	个人所得税应税项目转化的纳税筹划	159
6.2	个人所得税税收优惠及其他方面的纳税筹划	159
6.3	个人所得税计税依据及税率的纳税筹划	160
6.4	个人所得税纳税人的纳税筹划	162
6.5	个人所得税纳税筹划综合案例	163

第1章 个人所得税和纳税筹划概述

1.1 个人所得税概述

1.1.1 个人所得税纳税主体

对个人而言，个人所得税与增值税不尽相同，增值税所指的个人，既包括自然人，也包括个体工商户、合伙企业和个人独资企业等其他个人，但个人所得税的纳税主体都是自然人。

根据《国务院关于个人独资企业和合伙企业征收所得税问题的通知》（国发〔2000〕16号）规定，从2000年1月1日起停止对个人独资企业和合伙企业征收企业所得税，只对其投资者的经营所得征收个人所得税。个体工商户、合伙企业和个人独资企业，既不是企业所得税纳税人，也不是个人所得税纳税人，其本身并不缴纳任何所得税，按照"先分后税"的原则，个体工商户、合伙人或者投资人分得经营利润后，按照经营所得缴纳个人所得税。

很多人不理解，合伙企业和个人独资企业明明是企业，为何不缴纳企业所得税呢？如果要充分理解其中隐藏的深意，就必须要搞清楚一个重要概念——"法人"。

"法人"是个法律概念，其内涵常常被人所误解。有的董事长、总经理或者某部门负责人居然声称："我是法人，有什么事找我谈！"其实，他们充其量只是法定代表人，而"法人"是法律上拟制的"人"，拥有法律赋予的独立人格，比如，它的财产权是完全独立的，发起人或者股东出资设立了一家公司，履行完出资义务后，所投的相关资产完全属于这家公司所有，不再属于发起人或者股东所有。发起人或者股东如果想退股或者转让股份，必须要经过相关程序，不能随便将公司的资产转移到自己名下，否则，就侵犯了该法人组织的财产权。同时，这家公司所欠债务也只能用这家公司的自有资产进行偿还。一般情况下，债权人无权要求发起人或者股东用个人资产或者其所投资的其他公司的资产进行偿还。

个体工商户、合伙企业和个人独资企业规模一般都不大，属于非法人组织，也就是其财产与实际经营者的个人财产难以进行有效区分，不适用于企业所得税的相关原理，因此，个体工商户、合伙企业和个人独资企业无须缴纳企业所得税，但经营者、合伙人或投资者需要就经营所得缴纳个人所得税。

需要特别说明的是，为了避免重复征税，个人所得税与企业所得税的纳税人并不存在重合，合伙企业和个人独资企业这两类企业不缴纳企业所得税，而缴纳企业所得税的也并非都是企业，还包括其他取得收入的组织、非营利组织等，但凡是缴纳企业所得税的纳税人均为法人组织。

1.1.2 个人所得税征税对象

个人所得税征税对象为个人取得的应税所得。目前，个人所得税的应税所得共分为 9 种，分别是工资、薪金所得，劳务报酬所得，稿酬所得，特许权使用费所得，经营所得，利息、股息、红利所得，财产租赁所得，财产转让所得，偶然所得。

在 2019 年个人所得税改革之前，原本有 11 种所得，除了上述 9 种所得，还包括"国务院财政部门确定征税的其他所得"和"对企事业单位的承包经营、承租经营所得"。此次改革取消了"其他所得"，将部分"其他所得"项目归入"偶然所得"等所得项目之中。"对企事业单位的承包经营、承租经营所得"也予以取消，根据具体收入的性质分别并入"工资、薪金所得"和"经营所得"。"个体工商户的生产、经营所得"改为"经营所得"，个体工商户业主、合伙企业合伙人或者个人独资企业投资人均按照经营所得缴纳个人所得税。

个人所得的形式并非只有现金，还有实物、有价证券和其他形式的经济利益。所得为实物，应当按照取得的凭证上所注明的价格计算应纳税所得额，无凭证的实物或者凭证上所注明的价格明显偏低的，参照市场价格核定应纳税所得额；所得为有价证券的，根据票面价格和市场价格核定应纳税所得额；所得为其他形式的经济利益的，参照市场价格核定应纳税所得额。

2019 年个人所得税改革后，上述 9 种所得被分为以下三大类。

工资、薪金所得与劳务报酬所得、稿酬所得、特许权使用费所得被归入综合所得，按月或者按次预缴，按纳税年度合并计算个人所得税，非居民个人取得上述所得，按月或者按次分项计算个人所得税。

经营所得是单独一类。其实，经营所得也属于分类所得中的一种，不过相较于其他分类所得，经营所得比较复杂，其按月或者按季度预缴税款，年度终了后按年进行汇缴。

利息、股息、红利所得，财产租赁所得，财产转让所得及偶然所得称为其他分类所得，仍沿用过去的计税方式，按次缴纳个人所得税，缴纳完成后便视为完成纳税义务。

1.1.3　个人所得税征管方式

为了切实减轻自然人纳税人的负担，提升个人所得税征管效能，我国采取个人所得税扣缴制度，向个人支付所得的单位或者个人为扣缴义务人。

扣缴义务人应当依法办理全员全额扣缴申报，也就是扣缴义务人应当在代扣税款的次月15日内，向主管税务机关报送其支付所得的所有个人的有关信息、支付所得数额、扣除事项和数额、扣缴税款的具体数额和总额，以及其他相关涉税信息资料。实行个人所得税全员全额扣缴申报的应税所得包括8种。注意，这不包括经营所得。

扣缴义务人每月或者每次预扣、代扣的税款，应当在次月15日前缴入国库，并向税务机关报送"个人所得税扣缴申报表"。

扣缴义务人应当按照纳税人提供的信息计算税款、办理扣缴申报，不得擅自更改纳税人提供的信息。扣缴义务人发现纳税人提供的信息与实际情况不符，可以要求纳税人修改。纳税人拒绝修改的，扣缴义务人应当报告税务机关，税务机关应当及时处理。

纳税人发现扣缴义务人提供或者扣缴申报的个人信息、支付所得、扣缴税款等信息与实际情况不符，有权要求扣缴义务人修改。扣缴义务人拒绝修改的，纳税人应当报告税务机关，税务机关应当及时处理。

1.2　纳税筹划概述

1.2.1　纳税筹划的内涵与特征

关于纳税筹划的定义，国家税务总局注册税务师管理中心在其编写的《税务代理实务》中明确指出：税收筹划又称为纳税筹划，是指在遵循税收法律、法规的情况下，企业为实现企业价值最大化或股东权益最大化，在法律许可的范围内，自行或委托代理人，通过对经营、投资、理财等事项的安排和策划，以充分利用税法所提供的包括减免税在内的一切优惠，对多种纳税方案进行优化选择的一种财务管理活动。

正确理解纳税筹划的概念，必须抓住6个特点，如图1-1所示。

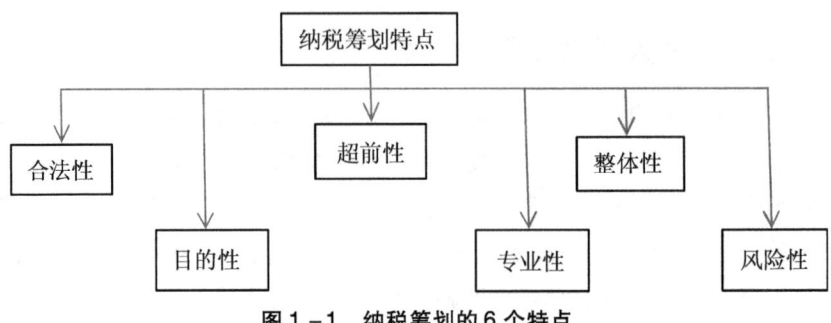

图1-1 纳税筹划的6个特点

1.2.1.1 合法性

合法性是纳税筹划与偷税避税的根本区别。纳税筹划和偷税避税的结果，都是少缴税款、减轻税负。但偷税实质行为实质是弄虚作假，避税的行为违反了立法意图，都必将受到严惩。纳税筹划以税收政策为导向，不仅符合税法规定，而且符合税法立法意图。

国家在制定税法及有关制度时，对纳税筹划行为早有预期，并希望通过纳税筹划行为引导全社会的资源有效配置与税收的合理分配，以实现国家宏观政策。

1.2.1.2 超前性

筹划，顾名思义，就是事前谋划。纳税筹划就是要将税收作为影响纳税人最终收益的重要因素，对投资、理财、经营活动做出事先的规划、设计、安排。

追求较低税负和最大税后收益是纳税人进行纳税筹划的内在动力，对不同的纳税人和不同的行为规定有差别的税收待遇，这是国家有意为纳税人进行纳税筹划提供的外在操作空间。这两点是纳税筹划得以进行的前提条件。

只有存在可筹划空间，纳税人才可以选择较低的税负，取得最大的财务利益；只有纳税人有进行纳税筹划的内在动力，国家才可用有差别的税收待遇，引导纳税人对自己的投资、理财、经营活动朝着国家鼓励的方向做出规划、设计、安排，从而实现国家宏观调控政策。

1.2.1.3 整体性

整体性是指对纳税人而言，纳税筹划的最根本目的是税后财务利益最大化。纳税人的税务计划是财务预算和经营计划的一部分，纳税筹划的目标必须服从纳税人财务预算和经营计划等整体目标。

纳税筹划不仅要考虑纳税人的当前利益，还要考虑未来的财务利益；不仅要考虑纳税人的短期利益，还要考虑长期利益；不仅要考虑使纳税人所得增加，还要考虑纳税人的资本增值；不仅要考虑纳税人的税后财务利益最大化，还要尽量使纳税人因此承担的各种风险（如税制变化风险、市场风险、利率风险、信贷风险、汇率风险、通货膨胀风险等）降到最低。

1.2.1.4 目的性

纳税人纳税筹划行为的目的是降低税负，取得节税收益。企业要降低税收支出，一是选择低税负，二是延迟纳税时间。两种方法都能节约税收成本，继而降低经营成本，使企业在激烈的市场竞争中凭借成本优势得以生存与发展。

纳税筹划是实现税后利益最大化与贯彻国家调控政策的统一，必须是纳税人对其投资、理财、经营活动的决策行为，是在这些活动之前进行的，而不是在既定的投资、理财、经营活动后，对其既定结果以及纳税义务进行事后改变。事后改变只是少纳税款，并不能实现国家宏观调控。要进行这种事后的改变只有采用弄虚作假的方法，势必异化为偷税行为。

1.2.1.5 专业性

纳税筹划，并非任性而为的事，更不是某个企业或某个会计凭自己的臆想便可以随意实施的计划。纳税筹划是一门综合了会计、税法、财务管理、企业管理、合同法等多方面知识于一体的综合性学科，进行纳税筹划的人员必须具备较强的专业知识。国外的纳税筹划大多由会计师、律师以及税务师来实施。国内的会计师事务所等第三方机构也正处于建立和完善中，这些机构将逐步担负起企业纳税筹划的业务。

1.2.1.6 风险性

风险性是指纳税筹划可能会因不同情况而付出不同代价。纳税筹划过程中的风险是客观存在的，一是对有关税收政策把握不准，造成事实上的偷税，从而面临税务处罚的风险；二是对有关税收优惠政策的运用和执行不到位，面临税务处罚的风险；三是对企业情况没有全面比较和分析，导致筹划成本大于节约税收；四是筹划方向与企业总体目标不符，成果是表面的，实质上得不偿失。

1.2.2 纳税筹划与其他减税行为的区别

纳税筹划的目的之一是要减轻税收负担。除此之外,有些不法业主也会采取其他减税行为,包括偷税、漏税、抗税、骗税、欠税、避税等,如图1-2所示。这些行为虽然减轻了税收负担,却是违法行为,与纳税筹划有质的区别。

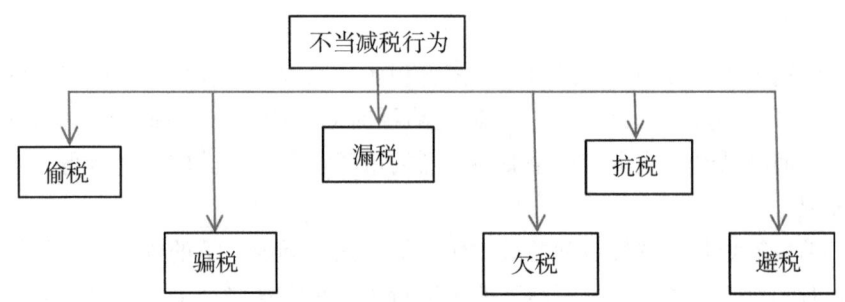

图1-2 不当减税行为

1.2.2.1 偷税

偷税是指纳税人采取伪造、变造、隐匿、擅自销毁账簿和记账凭证,在账簿上多列支出或不列、少列收入等方式,从而达到少交或不交税款的目的。偷税的动机是缺乏纳税意识,其手段是不列或者少列收入,加大虚列费用成本,故意少交税款。

偷税行为受到的打击力度非常大。在我国,凡企业偷税金额达1万元以上,且占当期应纳税额的10%以上,就构成了偷税罪。因此,企业经营者必须明确偷税和纳税筹划的区别。

1.2.2.2 漏税

漏税特指纳税人在无意识的情况下,少交或者不交税款的一种行为。漏税往往是纳税人对政策理解模糊不清,或由于计算错误等而少交税款。不过税务稽查部门对漏税案件的处理,往往会将其认定为偷税,因为刑法没有对漏税做出具体的补充规定。

1.2.2.3 抗税

抗税是以暴力或者威胁等手段，拒绝缴纳税款的行为。抗税是缺乏基本法治观念的一种极端错误的表现。在当今社会，有些文化水平不高、缺乏法治意识的纳税人，往往无视税法及税务部门的规定，抱有侥幸心理，或期冀通过疏通关系来达到抗税的目的，这是非常不可取的。

1.2.2.4 骗税

骗税是采取弄虚作假和欺骗隐瞒等手段，将并未发生的应税行为，虚构成发生了的应税行为，或将小额的应税行为伪造成大额的应税行为，从而获取国家出口退税款的行为。

骗税行为也是我国打击的重点，且力度非常大。骗税不是个体可以做到的，它是群体犯罪行为。

1.2.2.5 欠税

欠税是指纳税人超过税务机关核定的纳税期限而发生的拖欠税款的行为。欠税最终是要补交的。欠税分为主观欠税和客观欠税：①主观欠税是指企业有钱却不交税；②客观欠税是指企业想交税，但是没有钱交。

我国把主观欠税列入违法犯罪行为。客观欠税的企业应主动向主管税务机关申请缓交，但缓交期限不得超过3个月。

1.2.2.6 避税

避税是指企业利用税法的漏洞或空白，采取一定手段少交税款的行为。

避税与纳税筹划是有区别的。避税是利用税法的漏洞、空白或者模糊之处采用相应的措施，从而少交税款的行为。例如，国际间常用的避税手段就是转让定价，通过调整定价把利润转移到低税地区或免税地区，这就是典型的避税行为。而纳税筹划是采用税法准许范围内的方法或者计划，在税法已经做出明文规定的前提下操作的；避税则恰好相反，它是专门在税法没有明文规定的地方进行操作。因此，避税和纳税筹划是有明显区别的。

1.2.3 纳税筹划的实质和作用

纳税筹划是企业所采取的合理合法的行为，是受国家法律支持的，更是企业理财手段和财务管理的一项重要内容。纳税筹划的实质就是在国家法律法规允许的范围内，实现节税的目的。

大量的实践可以证明，在以国家的税收政策为导向，以完善的税收法规制度为依据的前提下，开展纳税筹划对企业、社会、国家都有着积极的作用。

第一，对企业而言，纳税筹划有助于企业获得税收利益，提高企业盈利水平，增强企业的竞争能力。具体体现在：①降低了纳税成本，节省了费用开支，提高了资本收益率，使企业获得的利润直接增加，进而增加企业可支配的收入；②把即期应纳税款延期缴纳，增加了企业资金来源，使企业资金调度更为灵活；③为企业投资、生产、经营提供决策依据，选择税后盈利最大化的方案，获得最大化的税后留利；④自觉学习和掌握税法知识，有助于纠正与防范企业的税收行为，不至于产生避税、偷税、漏税等行为。

第二，对社会而言，纳税筹划能够促进税务代理事业的发展，以及培养企业的自觉纳税意识。改革开放以来，市场经济蓬勃发展，但纳税人的纳税意识相对薄弱。随着税制进一步健全，大数据的广泛运用，以及社会化大生产的发展，纳税人已无法做到完全熟悉并精通税法，更无法驾驭纳税筹划，客观上需要社会中介组织为其提供纳税筹划服务，即税务代理。这就为税务代理服务提供了更为广阔的需求市场，从而促进税务代理这一新生行业的迅速发展。通过学法、懂法、用法这一不断循环的过程，企业将增强自觉依法纳税的意识。

第三，对国家而言，实施纳税筹划对于优化产业结构和投资方向有一定作用。税收政策就是国家依据本国宏观经济发展战略，以及产业结构调整的需要而制定的。在市场经济条件下，追求经济利益是企业从事一切经济活动的原动力。企业按照国家法律和立法意图从事生产经营活动，以获得税收利益的过程就是纳税筹划。

着眼于未来，纳税筹划或许能增加国家的税收总量。因为国家在制定税法时，会有意使税负在不同产业、不同区域之间有所区别，比如霍尔果斯的税收政策就非常优惠，这就为纳税人提供了优化纳税方案的种种机会。纳税人科学合理地进行纳税筹划，不但能减轻纳税人的负担，而且可以促进落后产业或地区的发展，创造出更多税源，扩大税基，从而增加国家财政收入。此外，当纳税筹划给企业带来效益时，企业会扩大经营规模，企业的税负下降了，但纳税的绝对额增加了。

另外，随着海外企业不断增加且规模变大，进行纳税筹划的潜力巨大，这有助于减少国外税收款支出，为我国增加外汇收入。

第 2 章
个人所得税常见的节税方法

2.1 个人收入转为企业费用

将企业应支付给个人的一些福利性收入,由直接付给个人转换为提供公共服务。这样的形式既不会扩大企业的支出总规模、降低个人薪酬,又能使个人避免因直接收入的增加而多缴纳一部分所得税。

这种方法实际上把个人应税所得变成了个人直接消费,以合理规避一部分个人所得纳税。

案例:某建筑公司为所有外来员工提供住宿,其具体做法是,给每位员工每月房租补贴1000元,并直接在工资表上反映出来。绝大部分员工的工资加上房租补贴后,都超过了个税起征点。请问该如何筹划个人所得税?

筹划分析:

通过调查工资表发现,若是不加上1000元房租补贴,至少有一半员工的工资达不到起征点。因此,个税策划的关键是房租问题。建议公司直接与房东签订租房协议,由公司支付给房东房租,不再付给员工房租补贴。这样员工就不必缴纳或少缴纳个人所得税了。

2.2 将日常费用转为差旅费等进行报销

差旅费补贴是因出差而产生的,在规定的标准内,直接填写在差旅费报销单上,便可以免征个人所得税。

每个企业都会因工作需要为个人负担通信、差旅出差费用,采取全额或限额实报实销,可以在规定标准范围内,凭合法凭证报销,不计入个人当月工资、薪金收入征收个人所得税。或者直接由企业为员工办理手机号,户名是企业名称,也可以直接报销费用,无须缴纳个人所得税。

员工夏季防暑降温清凉饮料费,若随工资发放要缴纳个人所得税,若以报销形式则可以不计税。

员工离职时领取的离职补偿金在当地年平均工资3倍以内的可以免缴个人所得税。

2.3 酌情改变薪酬分发惯例

大部分企业都是上半年发常规薪酬，下半年发年终奖或双工资等。这样的惯例从2019年开始变得不合理，因为此后的个人所得税采用了按年度免税额计税的方法，个人所得税的多少取决于年度总收入，企业在上半年发放一些大额度奖金，不会因此多交税，还可以让员工早点拿到钱获取利息。

案例：A员工2020年2月底收到2万元年终奖预兑现，存入理财账户，按照年化收益率3.65%计算，每天可收益2元，到12月底时，已额外收入610元（305天×2元/天）利息。如果A员工2020年12月底收到2万元年终奖，则不能获得610元利息。当然，这种策划的前提是，企业资金宽裕，早给员工发奖金，企业势必要流失一部分资金。

2.4 调节年终奖金与工资进行纳税筹划

一般企业的年终奖都会在年终发放。但在发放年终奖时，要充分考虑个人所得税七级超额累进这一计算方法的特点，并充分利用这一特点进行纳税筹划，可以为员工节省须纳个人所得税。

案例：小利女士专项附加扣除免税额度为4.8万元/年，扣除社保个人缴费后，1—12月工资收入15万元，12月底年金奖金收入5万元。

筹划分析：

先核算小利女士全年的个人所得税。

小利女士的应税工资所得 = 150000 − 48000 − 60000 = 42000（元）。

其工资应缴纳的个人所得税 = 36000×3% + 6000×10% = 1680（元）。

小利女士的年终奖为5万元，那么应缴纳的个人所得税 = 50000×10% − 210 = 4790（元）。

小利女士合计缴纳个人所得税 = 1680 + 4790 = 6470（元）。

现在对小利女士的个人所得税进行筹划，将其年终奖分为1.4万元和3.6万元。1.4万元计入工资，则：

小利女士的应税工资所得 = 150000 + 14000 − 48000 − 60000 = 56000（元）。

其工资应缴纳的个人所得税 = 36000×3% + 20000×10% = 3080（元）。

小利女士的年终奖为3.6万元，那么应缴纳的个人所得税 = 36000×3% = 1080（元）。

小利女士合计缴纳个人所得税 = 3080 + 1080 = 4160（元）。

筹划之后，小利女士的个人所得税下降了2310（6470 - 4160）元。

也可以反过来，若员工工资在扣除了专项扣除及专项附加扣除项目后，正好接近超额累进税额的某个级次，也可以将一部分工资合并到年终奖发放，前提是该员工的工资和年终奖须缴纳的总个人所得税是最低的。

2.5 改变契约的个人所得税筹划

契约在生活中非常重要，也是计税的重要依据。如果改变了契约关系以及合同条款，也可能改变税负。例如，股东到公司借款，根据《财政部　国家税务总局关于规范个人投资者个人所得税征收管理的通知》（财税〔2003〕158号）规定，纳税年度内个人投资者从其投资的企业（个人独资企业、合伙企业除外）借款，在该纳税年度终了后既不归还，又未用于企业生产经营的，其未归还的借款就被认定为企业分配给股东的分红，然后对该股东征收个人所得税。

但是，若采用合理的筹划手段，则可以减轻税负。例如，对董事长的个人借款，让其在年度终了时还上，然后在下一个年度再通过签订借款合同借出该笔款项。这种处理模式，要求董事长每年都要签订借款协议，使借款期限控制在一个纳税年度。此外，还可以采用更换借款人的方法，在借款时就转变当事人（契约方），让董事长的朋友（非股东身份）办理个人借款，从而摆脱上述政策的约束，这样即使借款超过一个纳税年度也不用缴纳任何税款。

2.6 借助公益捐赠的个人所得税筹划

当个人应纳税所得额达到个人所得税标准时，也可以通过公益捐赠增加支出进行个人所得税筹划。个人将其所得通过中国境内的社会团体、国家机关向教育和其他社会公益事业以及遭受严重自然灾害地区、贫困地区的捐赠，金额未超过纳税人申报的应纳税所得额30%的部分，可以从其应纳税所得额中扣除。

这里要注意的是，公益捐赠必须通过合法的机构，对外捐赠的途径必须是公益性的。公益性社会组织一般是指公益性社会团体或者县级以上人民政府及其部门。如果直接向受灾对象捐赠，是不能在税前扣除的。

2.7 合规发票有助于节税

凡是以现金形式发放的各种补贴（通信补贴、交通费补贴、午餐补贴），视为工资、薪金所得，计算缴纳个人所得税。凡是根据经济业务发生，并取得合法发票实报实销的，属于企业正常经营费用，不需要缴纳个人所得税。也就是说，如果我们直接收到公司以上类别的现金补贴，则需要缴纳个人所得税；如果以合理的票据进行报销，则不需要缴纳个人所得税。

值得注意的是，有些企业或个人为了节约个人所得税，刻意去乱开发票，这种方法并不可取，不但失去了业务的真实性，而且不便于准确核算企业的成本费用。可以提醒员工，注意收集自己的日常开支，比如公交费、打车费、住宿费、餐费、汽油费等的发票，这些发票容易被忽略。还要注意两点：一是发票的内容要与公司业务有关，莫将个人的生活开支如家庭用的房租费、煤气费、水电费、买菜购米费用等，一股脑儿地都拿到公司来报销顶票；二是发票的时效性，莫将去年或几年前的发票拿来报销。

2.8 转变纳税人身份进行筹划

根据纳税人的住所和在中国境内居住的时间，纳税人分为居民纳税人和非居民纳税人。居民纳税人就其来源于中国境内和境外的全部所得缴纳个人所得税；而非居民纳税义务人仅就其来源于中国境内的所得，向中国缴纳个人所得税。显然，非居民纳税人将会承担较轻的税负。鉴于两种纳税人的税收政策不同，纳税人若能把握好，便可以进行纳税筹划。

利用居民身份和非居民身份来减轻税负的主要方法包括以下三种：

（1）根据税法规定的纳税人居住时间标准进行筹划。利用临时离境的规定，安排好离境的时间，使纳税人成为非居民纳税人，便可以减轻税负。

根据规定，居住在中国境内的外国人，海外侨胞，香港、澳门及台湾同胞，如果在一个纳税年度内，在中国境内居住累计不满183天，为非居民纳税人，仅就来源于中国境内所得缴纳个人所得税。

案例：杰克任职于澳大利亚的甲公司，2021年3月1日杰克首次被派往中国的乙公司工作，乙公司为甲公司在中国的子公司，2021年9月6日回澳大利亚的甲公司继续工作。杰克在中国的乙公司工作期间，乙公司支付的工资、薪金收入为人民币24万元，澳大利亚甲公司支付的工资、薪金收入折合人民币12万元。

方案一：2021年3月1日杰克首次被派往中国的乙公司工作，2021年9月6日回澳大利亚甲公司继续工作。

方案二：2021年3月1日杰克首次被派往中国的乙公司工作，2021年8月28日回澳大利亚甲公司继续工作。

分析以上两种方案的应纳税所得额为多少？

筹划分析：

方案一：杰克本年度在中国境内居住累计超过183天，为居民个人。其从中国境内和境外取得的所得36万元，需要依照《中华人民共和国个人所得税法》（以下简称《个人所得税法》）的规定缴纳个人所得税，所以应纳税所得额为36万元。

方案二：杰克本年度在中国境内居住累计不超过183天，为非居民个人。其从中国境内取得的所得24万元，需要依照中国《个人所得税法》的规定缴纳个人所得税，所以应纳税所得额为24万元。

注意居住时间的其他规定，具体如下：

第一，不足90天（或183天），只就来源于我国境内的所得征税。

第二，满1年的计算，从每个公历年度的1月1日至12月31日止。

第三，在5年的时间内连续居住满5年，从第6年起按居民纳税人纳税。

第四，在第6年以后的年度里，如果某年在境内居住不满90天，5年期要重新计算。

第五，在华工作期间，包括在境内外享受的公休假日、个人休假日以及接受培训的天数。

（2）利用纳税人住所的有关规定进行筹划。利用住所的有关规定，改变国籍变更住所，进行合理纳税筹划。确定纳税人住所的标准在于明确纳税人是否有在我国长期居住的权利，以及该纳税人是否想在我国长期居住，是否拥有居住意愿。

（3）利用我国与世界其他国家签订的双边或多边税收协定，争取享受税收饶让（tax sparing）等优惠政策。

第3章 一般所得纳税筹划

3.1 工资、薪金所得纳税筹划

工资、薪金所得是指个人因任职或者受雇取得的工资、薪金、奖金、年终加薪、劳动分红、津贴、补贴以及与任职或者受雇有关的其他所得。

3.1.1 分月预缴和年度汇算的规定

2019年个人所得税改革后,基本生活减除费用由每月3500元调整至每年6万元,也就是每月5000元。有的人在谈论个人所得税时,会说起征点应该调整到多少。其实个人所得税根本没有起征点,因为基本生活减除费用属于免征额。

起征点是征税对象达到一定数额才开始进行征税的起点,比如,符合条件的增值税小规模纳税人每月不含税销售额的起征点为10万元,达到10万元全额征税,未达到10万元全额免税,如果纳税人的不含税销售额为10万~10.3万元,就会面临收入增加但税后所得减少的窘境。

这种情况在个人所得税中并不会出现,因为个人所得税采用的是免征额加七级超额累进税率的制度设计,现行个人所得税免征额,也就是基本生活费用减除额为每年6万元。在不考虑专项扣除、专项附加扣除、依法确定的其他扣除和公益捐赠等因素的情况下,达到或不足6万元不需要缴纳税款;如果全年所得为6万元以上,仅需对超出的部分缴纳税款,比如,年收入为62000元,只需要对2000元进行征税即可。

起征点只能照顾一部分纳税人,而免征额则会惠及所有纳税人。不过,由于我国各地经济发展水平差异较大,曾有人提出将免征额从现行全国统一的模式变为各地区差异化划定的模式。从国际惯例看,个人所得税采用全国统一的免征额仍是主流;从征管实际看,目前人员流动越来越频繁,如果各地区免征额不一致,将会极大提高年度汇算清缴的难度。

此次改革不仅提高了免征额,而且在我国首次建立了综合与分类相结合的个人所得税制。

改革前,工资、薪金所得按月缴纳个人所得税;改革后,工资、薪金所得按月预缴,按照累计预扣法计算预扣税款。

综合所得年度汇算时,工资、薪金所得与劳务报酬所得、稿酬所得、特许权使用费所得四类综合所得合并计算缴税。这四类所得与纳税人的劳动最为密切，具有潜在的可持续性。

经营所得其实也属于分类所得中的一种，但其与工商个体户、个人投资企业和合伙企业的经营活动相关，若是采用记账征收方式，计算经营所得较为复杂和烦琐，因此单独计为一类，计税方式也未发生改变。

利息、股息、红利所得和财产租赁所得、财产转让所得更多的是与财产相关，偶然所得更多的是与运气或特定条件相关，上述4种分类所得只需分类缴纳完税款，即完成纳税义务，不用与其他所得综合计税。

4种综合所得首次以"年"为一个周期计算应该缴纳的个人所得税。居民个人的综合所得按月或者按次预缴，年度终了后，居民个人应于次年3月1日至6月30日期间办理年度汇算，将工资、薪金所得与劳务报酬所得、稿酬所得、特许权使用费所得四类综合所得合并计算，减去基本生活费用减除额6万元以及专项扣除、专项附加扣除和依法确定的其他扣除和公益慈善事业捐赠支出等准许扣除的项目后的余额，为应纳税所得额。

综合所得应纳税所得额适用3%~45%不等的七级超额累计税率。先计算应缴税款，再减去年度内已经预缴的税款，向税务机关办理年度纳税申报并结清应退或应补税款，也就是在平时已预缴税款的基础上"查遗补漏，汇总收支，按年算账，多退少补"。这次改革参照了国际通行做法，恢复了个人所得税的"所得税"的本来面目，与企业所得税税制更为接近。

综合所得合并纳税无疑更能准确筛选出高收入者。比如，有的人平时不工作，依靠收取特许权使用费来获取高额收入，而特许权使用费所得不论所得高低，税率均为20%，难以有效发挥二次分配的作用。如今，4种综合所得合并计税，过去原本工资、薪金所得并不算高的纳税人，可能会因其他综合所得高而适用高税率，这样无疑能更好地发挥个人所得税的收入分配调节作用。

与此同时，改革新设了子女教育、继续教育、大病医疗、住房贷款利息、住房租金、赡养老人、婴幼儿看护的6项专项附加扣除。改革前，对个人所得征税时考虑得更多的是收入，对个人或家庭的支出考虑得比较少，但实际上同等收入人群的家庭负担不尽相同。此次改革后新设的专项附加扣除将家庭主要开支项目囊括在内，负担较重的家庭可以抵扣的项目多，抵扣的额度也大，减税效果更为明显。

3.1.1.1 工资、薪金所得一般性计税方法

假设某职员1月减去专项扣除、专项附加扣除等扣除项目后的工资、薪

金所得为4000元,基本生活费用减除额为每月5000元,由于工资、薪金所得小于基本生活费用减除额而不征税,无论是采用改革前的办法,还是改革后的办法,均不需要实际缴纳税款。

2月,该职员发现因本部门经理计算失误导致其1月少发了1000元,于是单位将其少发的1000元与其2月工资合并发放,减去专项扣除、专项附加扣除等扣除项目后的工资、薪金所得变为6000元,再减去基本生活费用减除额5000元,还剩余1000元。

如果按照改革前的办法,采用的是首付实现制,该职员需要对这1000元缴纳个人所得税。

按照改革后的办法,采用的是权责发生制,按照累计预扣法计算应该预扣的税款,1—2月减去专项扣除、专项附加扣除等扣除项后的所得累计为10000元,而免征额累计为10000元,因此,该职员2月并不需要预缴税款。

每月预扣的计算公式如下:

本期应预扣预缴税额 =(累计预扣预缴应纳税所得额 × 预扣率 − 速算扣除数)− 累计减免税额 − 累计已预扣预缴税额

累计预扣预缴应纳税所得额 = 累计收入 − 累计免税收入 − 累计生活费用减除额 − 累计专项扣除 − 累计专项附加扣除 − 累计依法确定的其他扣除

累计生活费用减除额按照5000元/月乘以纳税人当年截至本月在本单位的任职受雇月份数计算。计算居民个人工资、薪金所得预扣预缴税额的预扣率、速算扣除数,按照"个人所得税预扣率表"(居民个人工资、薪金所得预扣预缴适用)执行,见表3−1。

表3−1 个人所得税预扣率表

(居民个人工资、薪金所得预扣预缴适用)

级数	累计预扣预缴应纳税所得额	预扣率/%	速算扣除数/元
1	不超过36000元的部分	3	0
2	超过36000元至144000元的部分	10	2520
3	超过144000元至300000元的部分	20	16920
4	超过300000元至420000元的部分	25	31920
5	超过420000元至660000元的部分	30	52920

（续上表）

级数	累计预扣预缴应纳税所得额	预扣率/%	速算扣除数/元
6	超过660000元至960000元的部分	35	85920
7	超过960000元的部分	45	181920

案例：李工是某公司工程师，每月从公司领取工资12500元，"三险一金"个人缴费额为每月2500元，因其一直被派驻外地而迟迟未填报专项附加扣除信息，直到4月才按照要求完成信息填报，故允许其每月抵扣4000元，同时其还在其他单位提供设计服务而取得收入3500元，请问李工1—4月该如何预缴个人所得税？

解析：工资、薪金所得预缴时可以扣除"三险一金"等专项扣除，也可以选择扣除每月5000元的基本生活减除费用，完成专项附加扣除信息采集并上报的，也可以扣除相应的专项附加扣除。

李工1月份应预缴税款：

先计算工资、薪金所得，为12500 - 2500 - 5000 = 5000（元）。用应纳税所得额5000元对照"个人所得税预扣率表"（居民个人工资、薪金所得预扣预缴适用），查找其适用的预扣率为3%。

1月应预缴税款 = 5000 × 3% = 150（元）。

李工2月份应预缴税款：

1—2月的工资、薪金所得预缴时累计计算，即12500 × 2 - 2500 × 2 - 5000 × 2 = 10000（元）。用10000元对照"个人所得税预扣率表"（居民个人工资、薪金所得预扣预缴适用），查找其适用预扣率依旧为3%。

应预缴税款 = 10000 × 3% - 150 = 150（元）。

李工3月应预缴税款依然是150元。

李工4月应预缴税款：

对1—4月的工资、薪金所得进行累计计算，注意，此月可以一次性扣除1—4月的专项附加扣除，因此为12500 × 4 - 2500 × 4 - 5000 × 4 - 4000 × 4 = 4000（元）。

4月应预缴税款 = 4000 × 3% - 450 = -330（元），因此本月工资、薪金所得不需要预缴，而-330元可以在5月预缴时予以冲减应纳税额。

由于4月李工还取得劳务报酬所得3500元，低于4000元，可以扣除800元的费用。若是高于4000元，可以按照收入的20%抵扣费用。

劳务报酬所得应预缴税款 = (3500 − 800) × 20% = 540（元）。

4月李工应缴税款为540元。

注意：按月预缴时，综合所得的4种所得的预缴税款不能相互抵减，比如，工资、薪金所得应预缴税款数为负数，并不能抵减劳务报酬所得的应预缴税款，也就是预缴时仍旧分项计算，只有年度汇算清缴时才会合并计算。

3.1.1.2 上年度工资、薪金收入不超过6万元的居民个人的特殊预扣预缴政策

从新税制实施第一年的情况来看，上述预扣预缴制度安排发挥了积极作用，相当一部分纳税人在预缴阶段能充分享受改革红利并且不用办理汇算清缴，但有部分纳税人从一处取薪且年收入低于6万元，虽然全年不用缴税，但因其各月间收入波动较大或者前高后低等，年中无法判断全年所得情况而某一个或几个月被预扣预缴了税款，年度终了后仍需申请退税，对此，考虑到新税制实施已有一个完整的纳税周期，纳税人也有了执行新税制后的全年收入纳税数据，针对该部分工作稳定且年收入低于6万元的纳税人，在享受原税改红利的基础上，对下述2类纳税人的税款预扣预缴方法进行优化，进一步减轻其办税负担。

一是上一完整纳税年度各月均在同一单位扣缴申报了工资、薪金所得个人所得税且全年工资、薪金收入不超过6万元的居民个人。具体来说，需同时满足以下3个条件：①上一纳税年度1—12月均在同一单位任职且预扣预缴申报了工资薪金所得个人所得税；②上一纳税年度1—12月的累计工资薪金收入（包括全年一次性奖金等各类工资、薪金所得且不扣减任何费用及免税收入）不超过6万元；③本纳税年度自1月起，仍在该单位任职受雇并取得工资薪金所得。

二是按照累计预扣法预扣预缴劳务报酬所得个人所得税的居民个人，比如，保险营销员和证券经纪人。同样需同时满足以下3个条件：①上一纳税年度1—12月均在同一单位取酬且按照累计预扣法预扣预缴申报了劳务报酬所得个人所得税；②上一纳税年度1—12月的累计劳务报酬（不扣减任何费用及免税收入）不超过6万元；③本纳税年度自1月起，仍在该单位取得按照累计预扣法预扣预缴税款的劳务报酬所得。

比如，李现①2020—2021年都是越州公司员工，越州公司2020年1—

---

① 本书中出现的人名、公司名皆为化名。

12月每月均为李现办理了全员全额扣缴明细申报，李现2020年工资、薪金收入合计54000元，故李现2021年可适用上述政策。

赵丽2020年3—12月在衡州公司工作且全年工资、薪金收入54000元。如果赵丽2021年还在该公司工作，但因其上一年全年并非都在该公司工作，并不适用上述政策。

对符合条件的纳税人，扣缴义务人在预扣预缴本纳税年度个人所得税时，累计减除费用自1月起直接按照全年6万元计算扣除，也就是说在纳税人累计收入不超过6万元的月份，并不需要预扣预缴个人所得税；在累计收入超过6万元的当月及年内后续月份，再开始预扣预缴个人所得税。

比如，张三为东风公司员工，2020年1—12月在东风公司取得工资薪金50000元，公司为其办理了2020年1—12月的工资薪金所得个人所得税全员全额明细申报。2021年，东风公司1月扣除"三险一金"等各扣除项目后给其发放10000元工资，2—12月每月发放4000元工资。按照原预扣预缴方法，张三1月需预缴个税（10000－5000）×3%＝150（元），其他月份无须预缴个税；全年结算，因其年收入不足6万元，故通过汇算清缴可退税150元。采用新预扣预缴方法后，张三自1月起即可直接扣除全年累计减除费用6万元而无须预缴税款，年度终了也就不用办理汇算清缴。

又如，周若为东风公司员工，2020年1—12月在东风公司取得工资薪金50000元，公司为其办理了2020年1—12月的工资薪金所得个人所得税全员全额明细申报。2021年，东风公司每月给其发放工资8000元，个人按国家标准缴付"三险一金"2000元，假设不享受专项附加扣除等其他扣除项目，按照原预扣预缴方法，周若每月需预缴个税30元。采用新预扣预缴方法后，1—7月周若因其累计收入为8000×7＝56000（元），不足6万元，无须缴税；从8月起，周若累计收入超过6万元，则每月需要预扣预缴的税款计算如下：

8月预扣预缴税款为（8000×8－2000×8－60000）×3%－0，为负值，故税款为0元。

9月预扣预缴税款为（8000×9－2000×9－60000）×3%－0，为负值，故税款为0元。

10月预扣预缴税款为（8000×10－2000×10－60000）×3%－0＝0（元）。

11月预扣预缴税款为（8000×11－2000×11－60000）×3%－0＝180（元）。

12月预扣预缴税款为（8000×12－2000×12－60000）×3%－180＝180（元）。

假设东风公司预计2021年为周若全年发放工资96000元，可在2021年1月工资发放前与周若确认后，按照原预扣预缴方法每月扣缴申报30元税款。

采用自然人电子税务局扣缴客户端和自然人电子税务局网页端扣缴功能申报的，扣缴义务人在计算并预扣本年度1月个人所得税时，系统会根据上一年度扣缴申报情况，自动汇总并提示可能符合条件的员工名单，扣缴义务人根据实际情况核对、确认后，即可按照本方法预扣预缴个人所得税。采用纸质申报的，扣缴义务人则需根据上一年度扣缴申报情况，判断符合规定的纳税人，再按照本办法执行，并需要从当年1月税款扣缴申报起，在"个人所得税扣缴申报表"相应纳税人的备注栏填写"上年各月均有申报且全年收入不超过6万元"。

3.1.1.3 首次入职的居民个人的优惠性政策

对一个纳税年度内，首次取得工资、薪金所得的居民个人，扣缴义务人在预扣预缴工资、薪金所得个人所得税时，可按照每月5000元的标准扣除从年初开始计算的累计减除费用。

比如，大学生小孙2020年7月毕业后进入某公司工作，公司发放7月工资、计算当期应预扣预缴的个人所得税时，可减除费用35000元（7个月×5000元/月）。

首次取得工资、薪金所得的居民个人是指自纳税年度首月起至新入职时，没有取得过工资、薪金所得或者连续性劳务报酬所得的居民个人。在入职新单位前取得过工资、薪金所得或者按照累计预扣法预扣预缴过连续性劳务报酬所得个人所得税的纳税人不享受此项政策。若纳税人仅仅是在新入职前偶然取得过劳务报酬、稿酬、特许权使用费所得，则不受影响，仍然适用上述规定。

又如，纳税人小赵2020年1—8月一直未找到工作，没有取得过工资、薪金所得，仅有过一笔8000元的劳务报酬，按照单次收入适用20%的预扣率预扣预缴了税款，9月初找到新工作并开始领取工资，那么新入职单位在为小赵计算并预扣9月工资、薪金所得的个人所得税时，可以扣除自年初开始计算的累计减除费用45000元（9个月×5000元/月）。

正在接受全日制学历教育的学生因实习取得劳务报酬所得，扣缴义务人预扣预缴个人所得税时,可按照《税务总局关于发布〈个人所得税扣缴申报管理办法(试行)〉的公告》(国家税务总局公告2018年第61号)规定的累计预扣法计算并预扣预缴税款,具体计算公式如下:

本期应预扣预缴税额 =(累计收入额 − 累计减除费用)× 预扣率 −
速算扣除数 − 累计减免税额 −
累计已预扣预缴税额

累计减除费用按照5000元/月乘以纳税人在本单位开始实习月起至本月的实习月数计算。预扣率、速算扣除数按照"个人所得税预扣率表"(居民个人工资、薪金所得预扣预缴适用)执行。也就是说,正在接受全日制学历教育的学生虽然取得的是劳务报酬所得,但纳税方式实际上是采用工资、薪金所得的方式,从而极大地减轻了相关人员的实际税负。

例如,大学生小张7月在某公司实习取得劳务报酬3000元,如果按照之前的劳务报酬预缴方法,未超过4000元的减除800元费用,然后按照20%的适用税率,需要预缴440元税款。

按照新税法规定,扣缴单位在为其预扣预缴劳务报酬所得的个人所得税时,可采取累计预扣法预扣预缴税款。小张7月劳务报酬扣除5000元减除费用后,无须预缴税款,比预扣预缴方法调整前少预缴了440元。如果小张该纳税年度内再无其他综合所得,便无须办理年度汇算退税。

纳税人可根据自身情况判断是否符合上述规定的条件。符合上述条件并按照上述方法预扣预缴税款的,应及时向扣缴义务人申明并如实提供相关佐证资料或者承诺书。比如,新入职的毕业大学生,可以向单位出示毕业证或者派遣证等佐证资料;实习生取得实习单位支付的劳务报酬所得,如果采取累计预扣法预扣税款,可以向单位出示学生证等佐证资料;其他年中首次取得工资、薪金所得的纳税人,如果确实没有其他佐证资料的,可以提供承诺书。

扣缴义务人收到相关佐证资料或承诺书后,即可按照完善调整后的预扣预缴方法为纳税人预扣预缴个人所得税。同时,纳税人需要为向扣缴义务人提供的佐证资料及承诺书的真实性、准确性、完整性负责。相关佐证资料及承诺书的原件或复印件,纳税人及扣缴义务人须留存备查。

3.1.1.4 全年一次性奖金

居民个人取得全年一次性奖金,应并入当年综合所得计算缴纳个人所得税,不再单独计税,执行期限至2027年12月31日。

3.1.2 企业年金、职业年金

个人达到国家规定的退休年龄,领取的符合相关规定的企业年金、职业年金,不并入综合所得,全额单独计算应纳税款。其中,按月领取的,适用"按月换算后的综合所得税率表"(表3-2)计算纳税;按季领取的,平均分摊,计入各月,按每月领取额适用"按月换算后的综合所得税率表"计算纳税;按年领取的,按照"个人所得税税率表"(综合所得适用)(表3-3)计算纳税。

表3-2 按月换算后的综合所得税率

级数	全月应纳税所得额	预扣率/%	速算扣除数/元
1	不超过3000元的部分	3	0
2	超过3000元至12000元的部分	10	210
3	超过12000元至25000元的部分	20	1410
4	超过25000元至35000元的部分	25	2660
5	超过35000元至55000元的部分	30	4410
6	超过55000元至80000元的部分	35	7160
7	超过80000元的部分	45	1

表3-3 个人所得税税率

(综合所得适用)

级数	全年应纳税所得额	预扣率/%	速算扣除数/元
1	不超过36000元的部分	3	0
2	超过36000元至144000元的部分	10	2520
3	超过144000元至300000元的部分	20	16920
4	超过300000元至420000元的部分	25	31920
5	超过420000元至660000元的部分	30	52920
6	超过660000元至960000元的部分	35	85920
7	超过960000元的部分	45	181920

个人因出境定居而一次性领取的年金个人账户资金,或个人死亡后,其指定的受益人或法定继承人一次性领取的年金个人账户余额,适用"个人所

得税税率表"（综合所得适用）计算纳税。对个人，除上述特殊原因外，一次性领取年金个人账户资金或余额的，适用"按月换算后的综合所得税率表"计算应纳税款。

案例：中国公民小梁是某外企在华代办处的职员，其所在单位和个人一直按照规定为其缴纳企业年金。她的父亲梁先生是一名公务员，所在单位和其个人一直按照规定为其缴纳职业年金。

2020年12月，梁先生在执行任务时不幸殉职，而她的母亲因悲痛过度也不幸离世。小梁于2021年1月辞职后一直没有工作，也没有其他所得。

她觉得自己在国内已经没有任何亲人，于是决定前往澳大利亚定居，她一次性领取了个人账户中的企业年金230000元，同时也领取了父亲的职业年金180000元。此时，她该如何缴纳税款？

解析：个人因出境定居或者个人死亡后由其指定的受益人、法定继承人一次性领取的年金个人账户资金，按照"工资、薪金所得"缴纳个人所得税，适用"个人所得税税率表"（综合所得适用）计算应纳税款。

小梁领取了自己的企业年金230000元，同时领取了父亲的职业年金180000元，合计410000元。该所得额对适用税率为25%，速算扣除数为31920元。因此，小梁应缴纳税款为：410000×25% − 31920 = 70580（元）。

案例：中国公民老张因中风住院，每月需要支付大笔医疗费，因此提取了自己的企业年金410000元。他该如何缴税呢？

解析：老张领取企业年金410000元，该所得额对照"按月换算后的综合所得税率表"，适用税率为45%，速算扣除数为15160元。因此老张大壮应纳税款为410000×45% − 15160 = 169340（元）。

同样的金额，但小梁和老张所缴纳的税款相差了1倍多，主要原因是两者适用的税率表不同，一个是年度的税率，一个是按月换算后的税率，同样的金额适用的税率却有着较大差距，一个是25%，一个是45%。

之所以会有这样的制度设计，主要是为了限制企业年金和职业年金的提前领取，当事人死亡和出国显然是必须要提取的情形，因此给予其相对优惠的条件。

3.1.3 个人税收递延型商业养老保险

个人按照规定购买个人税收递延型商业养老保险所领取的养老金收入，其中25%予以免税，其余75%按照10%的比例税率计算缴纳个人所得税，实际税负仍维持7.5%不变，相应税款计入工资、薪金所得项目，由保险机构代扣代缴后，在个人购买税延养老保险的机构所在地办理全员全额扣缴申报。

案例：个体经营者苏老板没有子女，为了使得自己的晚年生活有个依靠，从年轻时便开始购买个人税收递延型商业养老保险，退休时一次性领取了 361280 元。苏老板该如何缴纳个人所得税？

解析：取得经营所得的个体工商户业主、个人独资企业投资者、合伙企业自然人合伙人，其缴纳的个人税收递延型商业养老保险保费准予在申报扣除当年计算应纳税所得额时予以在限额之内据实扣除，扣除限额按照不超过当年应税收入的 6% 和 12000 元孰低办法确定，因此苏老板购买该保险的保费可以在限额之内据实抵扣。

苏老板少缴纳的个人所得税税款将会在领取保险金时一次性缴纳，其领取该个人税收递延型商业养老保险应纳税额为 $361280 \times 75\% \times 10\% = 27096$（元）。

3.1.4　离职、提前退休、内部退养有关收入征税方式

3.1.4.1　解除劳动关系的一次性补偿收入

个人与用人单位解除劳动关系，有的很快便能找到新工作，有的却迟迟难以实现再就业，因此对个人取得一次性补偿收入（包括用人单位发放的经济补偿金、生活补助费和其他补助费）给予适度的税收优惠。

一次性补偿收入在当地上一年职工平均工资 3 倍数额以内的部分，免征个人所得税；超过 3 倍数额的部分，不并入当年综合所得，单独适用"个人所得税税率表"（综合所得适用），计算缴纳税款。

案例：2020 年 6 月，某餐饮公司因受新冠疫情影响，开始实行减员增效。厨师长老孙已经在该公司连续工作了 20 年之久，但因其年龄偏大而被公司裁员。双方解除劳务合同时，公司考虑到其对公司的贡献，一次性支付给他补偿金 32 万元，当地上年度职工平均工资 47000 元。老孙对该笔收入应如何缴纳个人所得税呢？

解析：首先，计算当地上一年度职工平均工资 3 倍数额，即 $47000 \times 3 = 141000$（元），对于一次性补偿收入低于 141000 元的部分，免征个人所得税。

其次，计算一次性补偿收入超过当地上一年度职工平均工资 3 倍数额的部分，为 $320000 - 141000 = 179000$（元）。超过部分单独适用"个人所得税

税率表"（综合所得适用），不并入当年综合所得，这也是一种变相的优惠措施，但也不能减除费用扣除标准数。

最后，对照"个人所得税税率表"（综合所得适用），适用税率为20%，速算扣除数为16920元。因此，应纳个人所得税税款为179000×20% - 16920 = 18880（元）。

企业在改组、改制或减员增效过程中，因解除一部分职工的劳动合同而支付给被解聘职工的一次性经济补偿，俗称"买断工龄"。被解聘职工所取得的"买断工龄"收入的计算方法，参照上述计算方法执行。

还有一种特殊类型，企业依照国家有关规定宣告破产，企业职工从该破产企业取得的一次性安置费收入，免征个人所得税。

3.1.4.2 提前退休的一次性补贴收入

由于提前退休会加剧社会保险基金的支付压力，因此国家始终对其进行严格控制，但也会有特例，比如，公务员和事业编制人员工作年限满30年或20年且距法定退休年龄不足5年，可以申请提前退休；从事有毒有害等特殊工种累计工作满一定年限的，可以申请提前退休。

个人办理提前退休手续有时会取得一次性补贴收入，该收入不属于免税退休工资收入，应按照工资、薪金所得征收个人所得税。纳税人要将一次性补贴收入按照办理提前退休手续至法定离退休年龄之间实际年度数平均分摊，确定适用税率和速算扣除数，单独适用"个人所得税税率表"（综合所得适用）计算纳税。计算公式如下：

应纳税额 = {[（一次性补贴收入÷办理提前退休手续至法定休年龄的实际年度数） - 费用扣除标准]×适用税率 - 速算扣除数}× 办理退休手续至法定退休年龄的实际年度数

按照原来的规定，个人因办理提前退休手续而取得的一次性补贴收入，按照办理提前退休手续至法定退休年龄之间的月份平均分摊计算个人所得税。

应纳税额 = {[（一次性补贴收入÷办理提前退休手续至法定休年龄的实际月份数） - 费用扣除标准]×适用税率 - 速算扣除数}× 提前办理退休手续至法定退休年龄的实际月份数

新旧两种计算方法的区别在于究竟是按月计算，还是按年计算，这种变化是为了与综合所得年度汇算清缴制度相衔接。

个人提前退休而取得的一次性补贴收入与解除劳动关系取得的一次性补

偿收入均可以单独适用"个人所得税税率表"（综合所得适用），并不与综合所得合并计算，但个人提前退休而取得的一次性补贴收入可以减除基本生活费用。

案例：高工是某化工企业的高级工，因长期从事有毒有害作业，经有关部门批准可以提前退休。高工于2021年1月办理了提前退休手续，比法定退休年龄早了3年6个月，2021年1月取得按照单位统一标准发放的一次性收入227865元。当月从原单位领取工资5250元，从次月开始每月领取基本退休金5180元。取得一次性收入的当月应纳个人所得税税款为多少？次月起至达到法定退休年龄每月应缴纳个人所得税是多少元？

解析一：一次性补贴收入计税方法。

先将一次性补贴收入按办理提前退休手续至法定退休年龄的实际年度数进行平均。虽然文件并未提及要减除基本生活费用后再查找适用税率，但如果不减除基本生活费，有可能会导致计算错误。

按照"个人所得税税率表"（综合所得适用），适用税率为10%，速算扣除数为2520元。

一次性补贴收入应纳税额 = {[（227865÷3.5）- 60000] × 10% - 2520} × 3.5 = [（65104.29 - 60000）× 10% - 2520] × 3.5 = （5104.29 × 10% - 2520）× 3.5 = （510.43 - 2520）× 3.5 ≈ -7033.5（元）。

此时，计算出来的税额小于速算扣除数。针对上述问题，建议在查找适用税率时，先将一次性补贴收入按照办理提前退休手续至法定离退休年龄之间实际年度数平均分摊，再减除基本生活费用减除额，按照这种办法查找出来的税率计算应纳税额，就不会出现小于速算扣除数的情形。

在本例中，应用5104.29元而不是65104.29元对照"个人所得税税率表"（综合所得适用），适用税率为3%，速算扣除数为0。

一次性补贴收入应纳税额 = {[（227865÷3.5）- 60000] × 3%} × 3.5 = [（65104.29 - 60000）× 3%] × 3.5 = （5104.29 × 3%）× 3.5 = 535.95（元）。

解析二：办理提前退休当月工资计税方法。

2021年1月，工资收入5250元不与一次性补贴收入合并，单独计算应缴纳的个人所得税税款。

2012年1月工资应缴纳个人所得税税额 = （5250 - 5000）× 3% = 7.5（元）。

解析三：次月起至正式退休的计税方法。

每月取得的5180元的基本退休金，免征个人所得税。

为何提前退休的一次性补贴可以减除费用扣除标准，解除劳动关系的一次性补偿收入却不可以呢？出现这种差异主要有下面的两种原因。

第一，个人提前退休后，一般不会再取得"工资、薪金所得"，其取得的基本养老金或者退休费、离休费均为免税收入，自然不用再减除费用扣除标准，而个人解除劳动关系后很可能会再就业，如果计算一次性补偿收入时准许减除费用扣除标准，而该纳税人很快重新就业，那么费用扣除标准很可能会被重复抵扣，容易造成税款流失。

第二，解除劳动关系的一次性补偿收入，在当地上一年职工平均工资3倍数额以内的部分，免征个人所得税，既然已经享受了这种特殊的优惠条件，超过当地上一年职工平均工资3倍数额以上的部分不应再减除费用扣除标准，以免重复享受优惠政策。

3.1.4.3　内部退养的一次性补偿收入

企业减员增效和行政、事业单位、社会团体在机构改革过程中，职工可以申请内部退养，俗称"内退"。根据《国有企业富余职工安置规定》（国务院令第111号）规定："职工距退休年龄不到五年，经本人申请，企业领导批准，可以退出工作岗位休养。职工退出工作岗位休养期间，由企业发放生活费。"行政、事业单位、社会团体也参照国有企业的规定执行。

对于内部退养职工，单位往往会发放一次性补偿收入，然后再按月发放生活费，直至其正式办理退休手续并开始领取基本养老金为止，因此对内部退养的一次性补偿收入课征的税负会适当高一些。

与提前退休不同，内部退养并非正式退休，只是提前离开了工作岗位。实行内部退养的纳税人在办理内部退养手续后至法定离退休期间，从原任职单位取得的生活费，并不属于离退休工资，应按工资、薪金所得项目计征个人所得税。有的内部退养人员又在另外的单位任职、受雇，取得的工资应与其从原任职单位取得的同一月的生活费合并计算，每月进行预缴，年度终了计入综合所得进行汇算清缴。

个人在办理内部退养手续后，从原任职单位取得的一次性补偿收入又该如何缴纳个人所得税呢？由于内部退养是特定历史时期的产物，因此享受该政策的人员越来越少，个人所得税改革后，并未像离职、提前退休所取得的一次性补偿（补贴）收入那样出台新的计税办法，仍沿用原有办法。

内部退养人员领取的一次性补偿收入应按办理内部退养手续后至法定离退休期间的所属月份进行平均，并与当月领取的工资、薪金所得合并后减除当月基本生活费用标准，以余额为基数确定适用税率，按适用税率计征个人所得税。

然而，之前实行的是按月缴纳税款，如今按月预缴并进行年度汇算清缴，仍沿用原有办法便产生了新问题。

案例：张大民 2020 年 7 月取得工资收入 7000 元，当月办理了内部退养手续，此时距离法定退休年龄还有 20 个月。张大民获得了单位发放的一次性补偿收入 10 万元。张大民内部退养后又在某家政公司工作，每月工资为 6000 元，同时还从原单位领取 1000 元的生活费。张大民在 2020 年度没有其他综合所得，其可享受 1 名子女的教育专项附加扣除，张大民在 2020 年该如何缴纳个人所得税呢？

解析：根据距离法定退休年龄的时间，先将内部退养的一次性补偿收入换算为月度平均数额，即 $100000 \div 20 = 5000$（元）。与年终一次性奖金类似，并非用收入全额来查找适用税率，而是先将其换算成月度数据后再查找适用税率，从而可以适用较低的税率。不过，与年终一次性奖金不同的是该收入并非单独计税，而是与当月工资、薪金所得合并后再减除当月基本生活费用减除额后合并计税。

$5000 + 6000 + 1000 - 5000 = 7000$（元），对照"按月换算后的综合所得税率表"，适用 10% 的税率，速算扣除数为 210 元。

一次性补偿收入应纳税额：$(100000 + 6000 + 1000 - 5000) \times 10\% - 210 = 9990$（元）。

如今每月只是预缴，还要进行年度汇算清缴，因此问题便来了，一次性补偿收入与 7 月的工资已经合并计算缴税，即 7 月的工资已经交过了一次税，而其在家政公司取得的收入按照规定，也应进行预缴并由其代扣代缴，如此，一个月的收入便很可能会缴纳两次税，显然有违法理。

国家税务总局得到相关意见反馈后，明确了一次性补偿收入并不需要纳入综合所得，进行年度汇算，针对内部退养当月工资重复计算的问题，也推出了新的计算方法。

（1）平均分摊内部退养的一次性补偿收入，即 $100000 \div 20 = 5000$（元）。

（2）确定适用税率。$5000 + 6000 + 1000 - 5000 = 7000$（元），对照"按月换算后的综合所得税率表"，适用 10% 的税率，速算扣除数为 210 元。

（3）一次性补偿收入应纳税额：$(7000 + 100000 - 5000) \times 10\% - 210 = 9990$（元）。

在此多出了重要一步,模拟计算 7 月工资收入需要缴纳的税款,即 (6000+1000-5000)×3%=60(元)。

内部退养应缴纳的税款要减去模拟的 7 月工资收入需要缴纳的税款,即 9990-60=9930(元)。

这样,7 月工资收入可以正常按月预缴,按年汇算清缴,不会再有重复计算的问题。

(4) 2020 年度取得综合所得汇算:[(6000+1000)×12-5000×12-1000×12]×3%=12000×3%=360(元)。

由于并无其他所得,年度汇算应缴税款数额与分月预缴数额一致,因此不需要进行补税和退税。

(5) 张大民 2020 年全年应缴纳的个人所得税为 9930+360=10290(元)。

上述颇为新颖的计算方法,无疑成功地解决了重复计算的问题。

3.1.5 离退休人员收入筹划

3.1.5.1 离退休人员取得的补贴、奖金和实物

离退休人员按照规定领取的基本养老金、退休费、离休费、离休生活补助费,免征个人所得税,除此之外从原任职单位或者其他单位取得的各类补贴、奖金、实物,不符合免税条件的,应在减除基本生活费用标准后,按照工资、薪金所得缴纳个人所得税。

3.1.5.2 延长离休退休年龄的高级专家取得的收入

延长离休退休年龄的高级专家指享受国家发放的政府特殊津贴的专家、学者以及中国科学院、中国工程院院士。延长离休退休期间从其劳动人事关系所在单位取得的,单位按国家有关规定向职工统一发放的工资、薪金、奖金、津贴、补贴等收入,视同离休、退休工资,免征个人所得税。

除此之外,各种津补贴收入以及高级专家从其劳动人事关系所在单位之外的其他地方取得的培训费、讲课费、顾问费、稿酬等各种收入,依法计征个人所得税。

高级专家从两处以上取得应税工资、薪金所得以及具有税法规定应当自行纳税申报的其他情形,应在税法规定的期限内自行向主管税务机关办理纳税申报。

3.1.5.3 退休人员任职、受雇取得的收入

根据《国家税务总局关于个人兼职和退休人员再任职取得收入如何计算征收个人所得税问题的批复》（国税函〔2005〕382号）（以下简称《批复》）规定："退休人员再任职取得的收入，在减除按个人所得税法规定的费用扣除标准后，按工资、薪金所得应税项目缴纳个人所得税。"

但是，如何界定退休人员再任职呢？《国家税务总局关于离退休人员再任职界定问题的批复》（国税函〔2006〕526号）对此进行了专门界定："一、受雇人员与用人单位签订一年以上（含一年）劳动合同（协议），存在长期或连续的雇佣与被雇佣关系；二、受雇人员因事假、病假、休假等原因不能正常出勤时，仍享受固定或基本工资收入；三、受雇人员与单位其他正式职工享受同等福利、社保、培训及其他待遇；四、受雇人员的职务晋升、职称评定等工作由用人单位负责组织。"

《国家税务总局关于个人所得税有关问题的公告》（国家税务总局公告2011年第27号）对上述内容又进行了修订，单位是否为离退休人员缴纳社会保险费，不再作为离退休人员再任职的界定条件。

这个问题似乎到此应该不会再有争议了，可是上述规定与《中华人民共和国劳动合同法》（以下简称《劳动合同法》）及其实施条例的有关规定相冲突。

《劳动合同法》第四十四条规定："有下列情形之一的，劳动合同终止：……；（二）劳动者开始依法享受基本养老保险待遇的；……"

《劳动合同法实施条例》第二十一条规定："劳动者达到法定退休年龄的，劳动合同终止。"

劳动者达到法定退休年龄，已经退休并开始依法享受基本养老保险待遇，劳动合同终止。

按照上述规定，即使公司与聘用的退休人员签订了劳动合同也是无效合同。国家税务总局发布的税收规范性文件效力要低于法律和行政法规。既然退休人员与聘用单位无法签订劳动合同，或者即便签订了合同，也是无效合同，那么不会再有人符合《国家税务总局关于离退休人员再任职界定问题的批复》规定的退休人员再任职条件。退休人员任职、受雇取得的收入也不能再按照工资、薪金所得来缴纳个人所得税，应该按劳务报酬所得缴纳个人所得税。支付所得单位应在取得合法凭证后在企业所得税前扣除。

有人认为，改革前工资、薪金所得与劳务报酬所得计税方式不一致，如

今却同属综合所得,虽然预征时两者预缴的税款会有所差异,但年度汇算清缴时都适用"个人所得税税率表"(综合所得适用),减除同样的基本生活费用扣除标准和扣除额度,因此同样的收入似乎会缴纳同样的税,区分两者的意义似乎并不大。

但事实并非如此,工资、薪金以全部收入为收入额,而劳务报酬以收入减除20%的费用后的余额为收入额,而收入额不足4000元的统一扣除800元。正是因为两者对收入额的认定方法有所不同,即便两者收入相同,实际缴纳的税款也会不一致,对此,将在下一节进行详细讨论。

3.1.6 职务科技成果转化现金奖励

依法批准设立的非营利性研究开发机构和高等学校(包含民办非营利性科研机构和高校),根据《中华人民共和国促进科技成果转化法》的规定,从职务科技成果转化收入中给予科技人员的现金奖励,可减按50%计入科技人员当月工资、薪金所得,依法缴纳个人所得税。

3.1.6.1 民办非营利性科研机构和高校认定条件

非营利性科研机构和高校包括国家设立的科研机构和高校,以及民办非营利性科研机构和高校。

国家设立的科研机构和高校是指利用财政性资金设立的、取得"事业单位法人证书"的科研机构和公办高校,包括中央和地方所属科研机构和高校。

民办非营利性科研机构和高校必须同时满足以下三个条件:

第一,根据《民办非企业单位登记管理暂行条例》在民政部门登记,并取得"民办非企业单位登记证书"。

第二,"民办非企业单位登记证书"记载的业务范围应属于"科学研究与技术开发、成果转让、科技咨询与服务、科技成果评估"范围。对业务范围存在争议的,由税务机关转请县级(含)以上科技行政主管部门确认。

民办非营利性高校,应取得教育主管部门颁发的"民办学校办学许可证","民办学校办学许可证"记载学校类型为"高等学校"。

第三,经认定取得企业所得税非营利组织免税资格。

3.1.6.2 享受此项税收优惠政策的科技人员条件

享受此项税收优惠政策的科技人员,必须同时符合以下四个条件:

第一，非营利性科研机构和高校中对完成或转化职务科技成果做出重要贡献的人员。非营利性科研机构和高校应按照规定公示有关科技人员名单及相关信息（国防专利转化除外）。

第二，科技成果是指专利技术（含国防专利）、计算机软件著作权、集成电路布图设计专有权、植物新品种权、生物医药新品种，以及科技部、财政部、税务总局确定的其他技术成果。

第三，非营利性科研机构和高校向他人转让科技成果或者许可他人使用科技成果。现金奖励是指非营利性科研机构和高校在取得科技成果转化收入3年（36个月）内奖励给科技人员的现金。

第四，非营利性科研机构和高校转化科技成果，应当签订技术合同，并根据《技术合同认定登记管理办法》，在技术合同登记机构进行审核登记，并取得技术合同认定登记证明。

3.1.6.3 相关征管要求

非营利性科研机构和高校向科技人员发放职务科技成果转化现金奖励，应于发放之日的次月15日前，向主管税务机关报送"科技人员取得职务科技成果转化现金奖励个人所得税备案表"。单位资质材料（"事业单位法人证书""民办学校办学许可证""民办非企业单位登记证书"等）、科技成果转化技术合同、科技人员现金奖励公示材料、现金奖励公示结果文件等相关资料自行留存备查。

非营利性科研机构和高校向科技人员发放现金奖励，在填报"扣缴个人所得税报告表"时，应将当期现金奖励收入金额与当月工资、薪金合并，全额计入"收入额"列，同时将现金奖励的50%填至"扣缴个人所得税报告表"中的"免税所得"列，并在备注栏注明"科技人员现金奖励免税部分"字样，据此以收入额减除免税所得以及相关扣除后的余额计算缴纳个人所得税。

非营利性科研机构和高校应当健全科技成果转化的资金核算，不得将正常工资、奖金等收入列入科技人员职务科技成果转化现金奖励享受税收优惠。

3.1.7 上市公司股权激励

上市公司股权激励对象主要是公司高管和核心技术人员，通过股权激励方式，将个人利益与公司发展业绩紧密联系在一起，让个人分享公司发展成果,增强高管和核心技术人员对公司的凝聚力和向心力。

居民个人取得的上市公司股权激励所得,是个人任职受雇的一种报酬方式,属于工资、薪金所得。居民个人取得股票期权、股票增值权、限制性股票、股权奖励等股权激励符合相关规定,在2022年12月31日前,暂不并入当年综合所得,之后的股权激励政策另行明确。

股权激励全额单独适用"个人所得税税率表"(综合所得适用),独立计算纳税。居民个人一个纳税年度内取得两次以上(含两次)股权激励的,应合并计算纳税,计算公式如下:

$$应纳税额 = 股权激励收入 \times 适用税率 - 速算扣除数$$

2023年1月1日之后的股权激励政策另行明确。

注意,股权激励虽然和全年一次性奖金一样单独计税,但是适用的是年度税率表,不会出现收入"怪现象"。

具体内容,将在第4章第4.3节进行详细探讨。

3.1.8 提供免费旅游方式对营销人员个人奖励

在商品营销活动中,企业和单位对营销业绩突出人员以培训班、研讨会、工作考察等名义组织旅游活动,通过免收差旅费、旅游费对个人实行的营销业绩奖励(包括实物、有价证券等),应根据所发生费用全额计入营销人员应税所得,依法征收个人所得税,并由提供上述费用的企业和单位代扣代缴。

其中,对企业雇员享受的此类奖励,应与当期的工资、薪金合并,按照工资、薪金所得项目征收个人所得税;对其他人员享受的此类奖励,应作为当期的劳务收入,按照劳务报酬所得项目征收个人所得税。

3.1.9 单位为员工支付商业保险

对企业为员工支付各项免税之外的保险金,应在企业向保险公司缴付时(该保险金打到被保险人的保险账户)并入员工当期的工资收入,按"工资、薪金所得"项目计征个人所得税,税款由企业负责代扣代缴。

3.1.10 特殊人员工资、薪金所得

3.1.10.1 远洋船员工

远洋船员长期漂泊在海上,工作艰辛而又危险,一年之中有很长时间不在中国境内,因此对远洋船员的所得给予适度的税收优惠。

在海事管理部门依法登记注册的国际航行船舶船员和在渔业管理部门依法登记注册的远洋渔业船员一个纳税年度内在船航行时间累计满183天的远洋船员,其取得的工资、薪金收入减按50%计入应纳税所得额,依法缴纳个人所得税。之所以规定是183天,是与居民个人判定标准相一致。

在船航行时间是指远洋船员在国际航行或作业船舶和远洋渔业船舶上的工作天数。一个纳税年度内的在船航行时间为一个纳税年度内在船航行时间的累计天数,并非是连续天数。

远洋船员可选择在当年预扣预缴税款或者次年个人所得税汇算清缴时享受上述优惠政策。

3.1.10.2 建筑安装业跨省异地工程作业人员

总承包企业、分承包企业派驻跨省异地工程项目的管理人员、技术人员和其他工作人员在异地工作期间的工资、薪金所得所缴纳的个人所得税,由总承包企业、分承包企业依法代扣代缴并向工程作业所在地税务机关申报缴纳。

总承包企业和分承包企业通过劳务派遣公司聘用劳务人员跨省异地工作期间的工资、薪金所得个人所得税,由劳务派遣公司依法代扣代缴并向工程作业所在地税务机关申报缴纳。

跨省异地施工单位应就其所支付的工程作业人员工资、薪金所得,向工程作业所在地税务机关办理全员全额扣缴明细申报。凡实行全员全额扣缴明细申报的,工程作业所在地税务机关不得核定征收个人所得税。

总承包企业、分承包企业和劳务派遣公司机构所在地税务机关需要掌握异地工程作业人员工资、薪金所得个人所得税缴纳情况的,工程作业所在地税务机关应及时提供。总承包企业、分承包企业和劳务派遣公司机构所在地税务机关不得对异地工程作业人员已纳税工资、薪金所得重复征税。两地税务机关应加强沟通协调,切实维护纳税人权益。

建筑安装业省内异地施工作业人员个人所得税征收管理,可以参照上述规定执行。

3.2 劳务报酬所得纳税筹划

按照规定,扣缴义务人向居民个人支付劳务报酬所得,按次或者按月预扣预缴个人所得税。

劳务报酬所得以收入减除费用后的余额为收入额,每次收入不超过4000元,减除费用按800元计算;每次收入4000元以上,减除费用按20%计算。

劳务报酬以每次收入额为预扣预缴应纳税所得额。劳务报酬所得适用20%~40%的超额累进预扣率,由于原来的劳务报酬所得实行加成征收的办法,因此预扣率实行三档税率(见表3-4)。

表3-4 个人所得税预扣率
(居民个人劳务报酬所得预扣预缴适用)

级数	预扣预缴应纳税所得额	预扣率/%	速算扣除数/元
1	不超过20000元的部分	20	0
2	超过20000元至50000元的部分	30	2000
3	超过50000元的部分	40	7000

劳务报酬所得应预扣预缴税额 = 预扣预缴应纳税所得额 × 预扣率 − 速算扣除数

3.2.1 劳务报酬所得与工资、薪金所得的区别

劳务报酬所得与工资、薪金所得极易混淆,而两者的预扣预缴方式存在较大差异,如果不能对两者进行正确区分,很可能会影响纳税人货币资金的实践价值。两者最终承受的税负也不同,工资、薪金全额计入,而劳务报酬是将扣减20%的费用后的余额作为收入额,这决定了两项所得的性质界定会对纳税人的实际税负造成影响。

工资、薪金所得是指个人因任职或者受雇取得的工资、薪金、奖金、年终加薪、劳动分红、津贴、补贴以及与任职或者受雇有关的其他所得。

劳务报酬所得是指个人从事劳务取得的所得,包括从事设计、装潢、安装、制图、化验、测试、医疗、法律、会计、咨询、讲学、翻译、审稿、书画、雕刻、影视、录音、录像、演出、表演、广告、展览、技术服务、介绍服务、经纪服务、代办服务以及其他劳务取得的所得。

两者区别的关键是,工资、薪金所得强调"任职或者受雇",劳务报酬所得强调"个人从事劳务"。两种所得有以下四个不同点:

一是二者合同关系不同。取得工资、薪金所得的纳税人与任职或者受雇的单位签订劳动合同,受《劳动法》《劳动合同法》等强制性法规约束,双方必须在上述法律规定的框架内约定双方的权利和义务,用工单位依法为劳

第3章 一般所得纳税筹划

动者缴纳社会保险,劳动报酬受国家最低工资标准的约束。

取得劳务报酬所得的纳税人与接受劳务的单位或个人是劳务合同关系,只受《中华人民共和国民法典》(以下简称《民法典》)的约束,而《民法典》调整平等主体的自然人、法人和非法人组织之间的人身关系和财产关系。

二是劳动独立性不同。取得工资、薪金所得的纳税人要服从用人单位劳动制度管理,不能自由安排劳动时间、地点等过程要素;取得劳动报酬所得的纳税人与接受劳务的单位或个人是平等的合同关系,只对劳动成果做出要求,个人可以自行安排劳动时间、地点。

三是报酬计算方式不同。工资、薪金所得以劳动时间为基础,根据劳动绩效进行上下浮动,但劳动报酬受国家最低工资标准的约束;劳务报酬以合同约定价款为基础,违反约定者承担违约责任,劳务提供者有可能因为违约承担违约责任而赔付违约金,即劳务报酬有可能为负数。

四是成本付出不同。取得劳务报酬的纳税人除了消耗劳动力,一般还需要付出附随成本,比如,自行购买辅助材料的成本、自备劳动工具的损耗等,而取得工资、薪金所得的纳税人除了消耗劳动力,基本没有其他成本发生,因此,劳务报酬所得以收入减除20%的费用后的余额为收入额,而收入额不足4000元的统一扣除800元。工资、薪金所得通常以全部收入为收入额。

上述是依据法理和实务对两种所得进行区分,《国家税务总局关于印发〈征收个人所得税若干问题的规定〉的通知》(国税发〔1994〕89号)也曾专门阐述了两者的区别:"工资、薪金所得是属于非独立个人劳务活动,即在机关、团体、学校、部队、企事业单位及其他组织中任职、受雇而得到的报酬;劳务报酬所得则是个人独立从事各种技艺、提供各项劳务取得的报酬。两者的主要区别在于,前者存在雇佣与被雇佣关系,后者则不存在这种关系。"然而,在实际生活中,要准确区分劳务报酬所得与工资、薪金所得,具有一定难度。

案例:李佳敏是甲房产开发公司的销售经理,每月税前收入为18000元,甲房产开发公司为其缴纳社会保险和住房公积金;他还同时是隶属同一集团的乙地产销售公司的销售总监,乙地产销售公司并不为其缴纳社会保险和住房公积金,每月只是向其支付15000元的收入。对此,李佳敏如何认定工资薪金所得呢?

解析:对此,存在两种观点。

观点一：从甲房产开发公司和乙地产销售公司取得的收入均属于工资、薪金所得。

无论是新旧《个人所得税法》，还是新旧《中华人民共和国个人所得税法实施条例》（以下简称《个人所得税法实施条例》），还是新出台的纳税申报办法，都明确纳税人可以从两处以上取得工资、薪金所得，因此他从甲房产开发公司和乙地产销售公司取得的收入均应属于工资、薪金所得。

李佳敏全年工资、薪金所得为（18000+15000）×12=396000（元），如果全年无其他所得，假设其基本减除费用额及专项扣除、专项附加扣除和依法确定的其他扣除总金额为81200元，李佳敏应纳税所得额为314800元，在七级超额累进税率适用第四级25%的税率，速算扣除数为31920元，需缴纳个人所得税税款为314800×25%−31920=46780（元）。

观点二：从甲房产开发公司取得的收入为工资、薪金所得，从乙地产销售公司取得的收入为劳务报酬所得。

《批复》规定："个人兼职取得的收入应按照'劳务报酬所得'应税项目缴纳个人所得税。"如果将李佳敏为乙地产销售公司工作视为兼职，那么他从该公司取得的收入属于劳务报酬所得。

李佳敏全年综合所得为（18000+15000×80%）×12=360000（元）。

如果全年无其他所得，假设基本减除费用及专项扣除、专项附加扣除和依法确定的其他扣除总金额为81200元，李佳敏应纳税所得额为278800元。在七级超额累进税率适用第三级20%的税率，速算扣除数为16920元，需缴纳个人所得税税款为278800×20%−16920=38840（元），比上一种方法少缴纳7940元。

在《个人所得税法》修订前，工资、薪金所得适用3%～45%不等的超额累进税率，可以每月扣除基本减除费用3500元以及专项扣除、依法确定的其他扣除，劳务报酬所得适用20%的固定比例税率，对高收入者进行加成征收，同时可以按照收入20%的比例减除费用。在修订前，高收入纳税人往往倾向于适用劳务报酬所得，而低收入纳税人往往倾向于适用工资薪金所得。

《个人所得税法》修订后，两项所得都并入综合所得，按照合并后的总额确定适用税率，而过去专属于工资、薪金所得的各项扣除也统一作为综合所得的扣除项，但劳务报酬所得依然可以按照收入减除20%的费用后来确定收入额，而工资、薪金所得需要按照全额确认为收入额，因此，目前无论是高收入者，还是低收入者，将界定不清的收入均确定为劳务报酬，税负无疑会更轻一些。

按照惯例，在两处以上取得工资、薪金所得的纳税人，岗位往往会有主次之分，如果是将一处界定为全职，而另一处界定为兼职，可以通过将某一处收入认定为劳务报酬所得来实现。鉴于此，纳税人为了自身利益，有可能会依据不同文件对同一项收入做出不同的性质界定。

目前，非常有必要出台相关文件，准确区分工资、薪金所得和劳务报酬所得，从而堵塞避税的种种路径，尤其是对《批复》中所提的"兼职"，要进行准确界定，以免被极个别纳税人滥用。

3.2.2 保险营销员、证券经纪人佣金

保险营销员、证券经纪人取得的佣金收入由展业成本和劳务报酬两部分构成，由于保险营销员、证券经纪人在开展业务时承担了一定的展业成本，对其佣金收入全额计税会加重其负担，因此在《个人所得税法》修订前，经原保监会、证监会同意后，为适当减轻保险营销员、证券经纪人的税负，将其佣金收入的40%视为展业成本，不予征税。

修订后，保险营销员、证券经纪人的佣金收入属于劳务报酬所得，纳入综合所得之中，可以扣除每年6万元的基本生活费用减除额、"三险一金"等专项扣除、专项附加扣除、其他扣除等扣除项目，为了保持税收政策的连续稳定，只是对操作方式进行了微调。

保险营销员、证券经纪人取得的佣金收入以不含增值税的收入减除20%的费用后的余额为收入额，收入额减去展业成本以及附加税费后，并入当年综合所得，计算缴纳个人所得税。

保险营销员、证券经纪人展业成本按照收入额的25%计算，（1-20%）×25%=20%，相当于减除基本生活费用前的不含增值税的收入的20%，再加上准予减除的20%的费用，因此实际税负与之前直接减除40%的展业成本相一致。

为最大限度减轻保险营销员、证券经纪人税收负担，扣缴义务人向保险营销员、证券经纪人支付佣金收入时，应按照规定，即按照累计预扣法计算预扣税款。保险营销员、证券经纪人佣金虽然属于劳务报酬所得，但其征收方式比照工资、薪金所得预扣率表计算当期应预扣预缴税额，以该纳税人截至当期在单位从业月份的累计收入减去累计减除费用、累计其他扣除后的余额，进行预扣预缴。

需要注意的是，预扣预缴时可以减除基本生活费费用，却不能扣除专项

扣除和专项附加扣除，待年度终了后进行年度汇算清缴申报时，可以办理扣除事宜。这种政策安排，一方面，是因为其他劳务报酬所得均是在汇算清缴时办理专项附加扣除；另一方面，保险营销员、证券经纪人大多数是自行缴纳"三险一金"，因此支付佣金的单位难以准确掌握其缴纳情况并为其办理扣除。另外，有的保险营销员、证券经纪人还在其他单位任职受雇，由支付佣金单位办理扣除可能会重复扣除。

案例：2020年4月11日，大海财产保险公司代扣代缴保险营销员佣金收入的个人所得税。1—3月，保险营销员甄能的佣金收入为378512元，主管税务机关核定其为增值税小规模纳税人，按季申报，公司对甄能1—2月佣金收入已扣缴个人所得税税款15284元，3月甄能应该预缴多少税款？

解析：

（1）计算增值税税款。

甄能为增值税小规模纳税人，征收率为3%。第一季度佣金收入换算成不含税收入，为378512÷（1+3%）=367487.38（元）。

第一季度应缴增值税税额=367487.38×3%=11024.62（元）。

（2）计算城建税及附加。

应缴城建税及附加=11024.62×（7%+3%+2%）=1322.95（元），由于实行减半征收，实际缴纳的城建税及附加为1322.95÷2=661.48（元）。

（3）计算收入额。

收入额为不含增值税的收入减除20%的费用后的余额。

收入额=367487.38×（1-20%）=293989.9（元）。

（4）计算展业成本。

展业成本按照收入额的25%计算。

展业成本=293989.9×25%=73497.48（元）。

（5）计算应纳税所得额。

应纳税所得额为收入额减去展业成本以及附加税费后的余额。增值税属于价外税，不需要进行扣除，而附加税费可以在计算应纳税所得额时予以扣除。

第一季度应纳税所得额=293989.9-73497.48-661.48-5000×3=204830.94（元）。

（6）计算个人所得税预扣额。

甄能在第一季度应纳税所得额为204830.94元，对照"个人所得税预扣率表"（居民个人工资、薪金所得预扣预缴适用），注意，并非适用居民个人劳务报酬所得预扣预缴的个人所得税预扣率表,该所得额适用税率为20%,速算扣除数为16920。

第一季度应预缴税额 = 204830.94 × 20% − 16920 = 24046.19(元)。

由于1月和2月对其佣金收入已扣缴个人所得税税款15284元,3月甄能应缴纳税款 = 24046.19 − 15284 = 8762.19(元)。

需要注意,假如保险公司员工在工作之余销售保险,那么他取得的佣金收入不再属于劳务报酬所得,而是应与其领取的工资一起并入工资、薪金所得,合并缴纳个人所得税。

3.3 稿酬所得纳税筹划

扣缴义务人向居民个人支付稿酬所得,按次预缴个人所得税。稿酬以收入减除费用后的余额为收入额,收入额减按70%计算,以每次收入额为预扣预缴应纳税所得额,适用20%的比例预扣率。

稿酬所得应预扣预缴税额 = 预扣预缴应纳税所得额 × 20%

3.3.1 稿酬所得的界定

新修订的《个人所得税法实施条例》将稿酬所得的适用范围进行了适当延展,个人因其作品以图书、报刊等形式出版、发表而取得的所得,均属于稿酬所得。

修订前的《个人所得税法实施条例》认定稿酬所得,是指个人因其作品以图书、报刊形式出版、发表而取得的所得,将出版发表的载体仅仅限定为图书、报刊。随着互联网和移动互联网的迅速发展,将在互联网和移动互联网等新媒体上开展文学创作的所得纳入稿酬范围势在必行,也是税法公平原则的体现。

稿酬所得相对于其他所得税负要更低一些,与劳务报酬所得一样可以按照收入的20%减除相关费用,同时收入额还可以减按70%计算,因此实际税率只有11.2%。

因为稿酬所得的实际税率相对较低,所以在实际征管过程中会发现原本并不符合稿酬所得认定条件的所得,也按照稿酬所得缴纳税款。

在某次税务稽查时,某公司员工创作的文学作品在公司简报、内部刊物、公司网站上刊载,甚至在宣传走廊和黑板报上予以刊发,公司给员工发放"新闻稿费"等不同名目的报酬,而员工也按照稿酬所得缴税。这个稽查案例发生在《个人所得税法》修订之前,稿酬所得限定为以图书、报刊形式出版、发表而取得的所得。

按照原来的规定,上述"新闻稿费"显然不符合稿酬所得的认定条件,可如今稿酬的范围相应扩展了,以图书、报刊等形式出版、发表而取得的所得均属于稿酬所得,多了一个"等"字,自然也就不再局限于图书和报刊。

刊登在公司简报、公司网站,或者发表在宣传走廊和黑板报上,显然不符合稿酬关于载体的要求,但如果是内部发行的刊物,经国家新闻出版主管部门批准并取得内部刊号,是否属于允许的范围,目前还存在一定的争议。

其实问题的关键并不仅仅在于此,即便是职工受单位委派在国家正规报刊上刊载自己的作品,也不能认定为稿酬,因为那是一种职务行为。领取"新闻稿费"的员工是公司雇员,均有固定的工作岗位,因采写相关稿件获得相应的补偿虽然是合情合理的,却都属于因任职、受雇而取得的收入,应并入工资、薪金所得,合并征收个人所得税。

当下,互联网和移动互联网成为重要的传播载体,但发表在上述载体所取得收入的性质,目前仍存在一定的争议。

3.3.2 稿酬所得次数的确定

稿酬所得"次数"的判定极为重要,比如,一个作者取得了2000元的稿酬,若被认定为一次,则只能扣除800元的费用,若被认定为两次,则可以扣除1600元的费用,因此次数在很大程度上影响着应纳税款的多少。

按照规定,个人每次以图书、报刊方式出版、发表同一作品(文学作品、书画作品、摄影作品以及其他作品),不论出版单位是预付还是分笔支付稿酬,或者加印该作品后再付稿酬,均应合并其稿酬所得按一次所得计算缴纳个人所得税。在两处或两处以上出版、发表或再版同一作品而取得的稿酬所得,其在各处取得的所得或再版所得按分次所得计算缴纳个人所得税。

这个规定是为了避免个别纳税人利用稿酬的次数来避税,于是对稿酬的次数进行了明确的界定,从而堵塞了税收征管的漏洞,但在实际执行中存在一定的困难,主要集中在图书出版方面,作者将作品授权出版方的期限一般是5~10年,在授权期限内出版方按照实际销售册数向作者支付稿酬,若是该作品持续畅销,那么在长达数年的时间内出版方可能要向作者支付几次,甚至十几次稿酬。可是按照文件规定,个人每次以图书、报刊方式出版、发表同一作品,不论出版单位是预付还是分笔支付稿酬,或者加印该作品后再付稿酬，均应合并其稿酬所得按一次所得计算缴纳个人所得税，也就是只要是一本书的稿酬，在授权期限内不管支付多少次均应合并为一次。这样做时间跨度未免有些太大，次数未免有些太多。为了切实减轻纳税人的税负，同时与综合所得年度汇算制度相配套，建议在一年内出版单位预付或者分笔支付的稿酬，或者加印该作品后再付的稿酬，合并按一次所得计算缴纳个人所得税。

个人同一作品在报刊上连载，应合并其因连载而取得的所有稿酬所得为一次所得，计算缴纳个人所得税。在其连载之后又以图书形式出版而取得稿酬所得，或者先以图书形式出版后连载而取得稿酬所得的，应视同再版稿酬分次计征个人所得税。

3.3.3 特殊人群的稿酬所得筹划

任职、受雇于报纸、杂志等单位的记者、编辑等专业人员，因在本单位的报纸、杂志上发表作品取得的所得，属于因任职、受雇而取得的所得，应与其当月工资收入合并，按照工资、薪金所得征收个人所得税，不得按照稿酬所得缴纳税款。

除上述专业人员以外，其他人员在本单位的报刊、杂志上发表作品取得的所得，应按照稿酬所得征收个人所得税。

出版社的专业作者撰写、编写或翻译的作品，由本社以图书形式出版而取得的稿费收入，应按照稿酬所得计算缴纳个人所得税。

案例：著名作家大卫文博长期从事自由撰稿工作，苦心钻研历史，文笔出众，构思巧妙，受到大量读者的追捧，也拥有大量粉丝。大卫文博每月为《人物采风》《史海钩沉》等多份报纸杂志撰写16篇左右的稿件，其中每篇2000字左右的稿件10篇，每篇可获得400元的稿酬；每篇5000字左右的稿件5篇，每篇可获800元稿酬；每篇10000字左右的稿件1篇，每篇可获得1500元稿酬，每月总计可获得9500元的收入。

鉴于大卫文博超高的人气，《人物采风》杂志社想邀请大卫文博来杂志社担任记者兼编辑，每月工资9500元。如果大卫文博不愿意受拘束，双方还可以签订合作协议，由其负责民国人物专栏的编排和稿件撰写工作，每月给予其9500元的劳务报酬。

单纯从经济利益方面考虑，大卫文博可否接受《人物采风》杂志社的邀请呢？

解析一：大卫文博继续维持自由撰稿人身份。

大卫文博每月所得依旧是稿酬所得，由于每篇稿件的稿酬都低于4000元，因此每次均可定额扣除800元的费用。

小于等于800元的稿酬不用先纳税，故每月应缴税款为（1500－800）×20%×（1－30%）＝98（元）。

大卫文博每月的税后收入为9500－98＝9402（元）。

解析二：选择成为杂志社的编辑兼记者。

大卫文博选择成为《人物采风》杂志社的员工，每月所得便成为工资、薪金所得。

假设大卫文博没有其他收入，也没有依法确定的其他扣除，且其已经大学毕业，尚未结婚，与父母住在一起，母亲58岁已办理内部退养，父亲59岁已办理提前退休，当年未发生医疗支出。

大卫文博工作当地基本养老保险，单位缴纳16%，个人缴纳8%；基本医疗保险，单位缴纳6%，个人缴纳2%；失业保险，单位和个人各缴纳0.5%；住房公积金，单位和个人各缴纳12%。（注：为了降低企业负担，各地纷纷降低单位缴纳的社会保险和住房公积金比例，目前各地实际缴存标准不统一。）

专项扣除额为9500×8%＋9500×2%＋9500×0.5%＋9500×12%＝2137.5（元）。

很多地区住房公积金的缴费基数为上年7月1日至当年6月30日的平均月工资，假设大卫文博每月工资始终维持在9500元，没有全年一次性奖金等其他一次性所得。

关于专项附加扣除，目前大卫文博并没有可抵扣项目。

因此，每月税款预缴额为（9500－2137.5－5000）×3%＝2362.5×3%＝70.88（元）。

每月的税后收入为9500－2137.5－70.88＝7291.62（元）。

解析三：选择成为杂志社的劳务提供者。

大卫文博选择与《人物采风》杂志社签订合作协议，负责有关版面编排和撰稿工作，那么他每月所得需要按照"劳务报酬所得"来缴纳个人所得税。

每月应缴税款为［9500×（1－20%）］×20%＝1520（元）。

每月的税后收入为9500－1520＝7980（元）。

综合分析：如果单从每月的税后收入看，继续维持自由撰稿人身份对大卫文博最为有利，其次是选择成为劳务提供者，在杂志社任职受雇反而成了最差的选择。

然而算到此处，还忽略了一个问题，自由撰稿人和劳务提供者还需要额外缴纳社会保险和公积金，而且费用全部由自己承担，而选择成为杂志社雇员，单位缴费部分由单位承担，个人缴费部分可以在税前扣除。

此外，还有一个关键问题，就是社会保险和住房公积金的归属问题。个人缴纳的基本养老保险部分计入个人账户；个人缴纳的基本医疗保险部分全部计入个人账户，而一些地方单位缴纳部分的一小部分也会计入个人账户，缴税人是否年满45周岁也会有所差异，假设计入个人账户的总额度为5%左右；住房公积金单位和个人缴存额全部计入个人账户。

计入大卫文博个人账户的"三险一金"总金额为9500×8%＋9500×5%＋9500×24%＝3515（元）。

其中计入基本养老保险个人账户的资金变现能力差一些，在很多地方计入基本医疗保险个人账户的金额可以提取部分现金，剩余部分可以在看病时使用，而住房公积金可以在买房或者还贷时使用。

大卫文博选择任职受雇后每月实际所得为7291.62＋3515＝10806.62（元），大于9402元。

上述金额还不包括基本社会保险中计入社会统筹账户的部分，这部分金额让职工可以享受社会保险的基本待遇，因此选择成为杂志社员工无疑对其更为有利，况且随着他的父母年满60周岁以及自己买房还贷，他可以抵扣的专项附加扣除会变得越来越多，因此选择任职受雇无论是从当前看，还是从长远看，无疑更符合他的个人利益，而这也体现了个人所得税鼓励就业的政策导向。

3.3.4 特殊稿费的纳税规定

案例：著名专栏作家雄霸天下的新作《××之恋》在交付出版社出版过程中，本人因病去世，雄霸天下的妻子成为其唯一法定继承人。那么，出版社向雄霸天下的妻子支付稿酬时，是否需要缴纳个人所得税？

解析：有人认为，我国并未开征遗产税，稿酬属于遗产，因此法定继承人继承遗产，不应缴纳税款。被继承人的房屋被转移到继承人名下便免征个人所得税，因此对遗作的稿酬所得也应该免税。

根据《国家税务总局关于印发〈征收个人所得税若干问题的规定〉的通知》（国税发〔1994〕89号）规定，作者去世后，对取得其遗作稿酬的个人，按稿酬所得征收个人所得税，因此，出版社在向雄霸天下的妻子支付稿酬时，应该依法扣缴个人所得税。

之所以如此规定，是因为对遗作的稿酬所得征税并不牵涉继承问题，因为这笔稿酬从本质上来说，在雄霸天下去世时还不属于他，只有按规定缴纳个人所得税税款，出版社将该笔款项打入其银行账号之后，这笔稿费才真正归雄霸天下所有，这些均属于继承的前置环节。

其实，继承过程中并不会产生需缴纳的税款。以房屋为例，如果有欠税，继承人也不能直接将该房产过户到自己名下，而应先缴纳相关欠税，虽然这发生在继承过程中，但这笔欠税并非因继承而产生，实质上这笔税款的应纳税时间要早于继承时间，只是迟迟未交而已。

3.4　特许权使用费所得纳税筹划

特许权使用费所得是指个人提供专利权、商标权、著作权、非专利技术以及其他特许权的使用权取得的所得。特许权使用费所得包括提供著作权的使用权取得的所得，注意区分其与稿酬所得的区别。

比如，某作家创作的小说出版发行后从出版社或者文化公司获得的收入应认定为稿酬所得，由于该小说构思巧妙、文笔出众而获得大量粉丝追捧，后被某影视公司买下影视改编权，那么该作家从影视公司获得的收入便属于特许权使用费所得，也就是授权影视公司对自己的小说进行影视改编而获得的所得。

扣缴义务人向居民个人支付特许权使用费所得，按次预扣预缴个人所得税。特许权使用费以收入减除费用后的余额为收入额，每次收入不超过4000元的，减除费用按800元计算；每次收入4000元以上的，减除费用按收入的20%计算。

特许权使用费以每次收入额为预扣预缴应纳税所得额，适用20%的比例预扣率。

特许权使用费所得应预扣预缴税额＝预扣预缴应纳税所得额×20%

3.4.1　拍卖手稿原件或复印件

个人拍卖取得的收入一般按照财产转让所得缴纳税款，但作者将自己的文字作品手稿原件或复印件拍卖取得的所得，却按照特许权使用费所得缴纳税款。

特许权使用费所得和财产转让所得都适用20%的税率,而且转让收入4000元以下,以转让收入减除800元为费用额;转让收入4000元以上的,以转让收入的20%为费用额。收入减去费用额后的余额为应纳税所得额。既然计算出来的税额一模一样,还有必要进行区分吗?

特许权使用费所得属于综合所得,预缴税款后还需与其他三类综合所得合并后进行年度汇算清缴;而财产转让所得属于分类所得,交易后缴纳完税款,纳税义务便完成了,不需要再进行年度汇算,也不存在退税或者补税的问题。

3.4.2 转让影视改编权所得

随着"IP"热的兴起,小说的影视改编权的价格也随之水涨船高,一部小说的影视改编权的售价可高达数百万元,甚至上千万元。但随着个人所得税的改革,那些卖出影视改编权的作者面临着新的烦恼。

特许权使用费以收入减除费用后的余额为收入额。每次收入不超过4000元,实际不用缴纳税款;每次收入4000元以上的,费用按20%计算,税率为20%,实际税负为16%。之前按照这个税率交完税,纳税义务便完成了,但如今这只是预缴,年度终了时并入综合所得进行汇算清缴,而且最高档税率为45%。

出售影视改编权的所得往往会比较高,甚至高得惊人,对高收入者课征重税无可厚非,但与工资、薪金高收入者相比,倘若伴随着"IP"降温,同时影视行业步入低谷,则因出售影视改编权而取得高收入具有较大的偶然性,不具有可持续性。

卖出影视改编权的作者,好不容易获得一笔高收入,如今却要被课以重税,即他们付出极大心血创作的作品卖出影视改编权后所获得的收入却面临着30%,甚至45%的高税率。

问题的关键是,对于很多作者而言,高收入很难维持下去,甚至有人一辈子只有一部作品能卖出影视改编权,而他之所以会在当年取得高收入,是因为他将作品的影视改编权让渡给影视公司的时间是5—10年,甚至更长时间。

针对上述问题,建议对售出影视改编权所得的征税方式进行适当调整。影视改编权是作品的一种衍生权利,与稿酬所得具有同源性,既然稿酬所得适用相对优惠的条件,那么影视改编权也应与其他特许权在征税方式上有所差异。

为了促进文化大发展、大繁荣，建议按照合同约定确定影视改编权的售出期限，采用与全年一次性奖金类似的计算方法，用收入总额除以售出期限来查找适用税率。

某作者售出自己小说的影视改编权，取得了100万元收入，合同期限是5年，假设没有其他所得和扣除，该所得额适用税率为45%，速算扣除数为181920元，应纳所得税额为1000000×45% − 181920 = 268080（元），实际税负率为26.81%。

如果允许在查找适用税率时将100万元的收入除以授权许可期限，那么税负便会大幅下降。1000000÷5 = 200000（元），适用税率为20%，速算扣除数为16920元，应纳所得税额为（200000×20% − 16920）×5 = 115400（元）。应缴纳的税款会降低56.95%。

不过，这种方案需要提前进行合同备案，也容易诱发合同造假等不法行为，无疑会使征管难度大幅增加，因此期待能够平衡各方利益的更优方案的出台。

3.5 经营所得纳税筹划

3.5.1 经营所得概念界定

经营所得是指个体工商户从事生产、经营活动取得的所得；个人独资企业投资人、合伙企业的个人合伙人来源于境内注册的个人独资企业、合伙企业生产、经营的所得；个人依法从事办学、医疗、咨询以及其他有偿服务活动取得的所得；个人对企业、事业单位承包经营、承租经营以及转包、转租取得的所得；个人从事其他生产、经营活动取得的所得。

纳税人取得经营所得，按年计算个人所得税，由纳税人在月度或者季度终了后15日内向税务机关报送纳税申报表，并预缴税款；在取得所得的次年3月31日前办理汇算清缴。经营所得汇算清缴完成期限要比综合所得年度汇算早完成3个月。

3.5.1.1 与生产、经营无关的所得不属于经营所得

以贩鱼为生的个体工商户孙大渔与终点网站签约，撰写网络小说《洛阳十二时辰》，其取得的上述收入应按照稿酬所得计征个人所得税；该小说版

权被明天影视公司买走，支付给他的费用属于特许权使用费所得，不属于经营所得。假如孙大渔注册的工商个体户的经营范围为文学策划和推广，那么他取得的上述收入也可以归入经营所得。

3.5.1.2 属于劳务报酬所得范畴的不属于经营所得

经营所得与企业所得税的法人经营活动类似，经营所得与其他各项所得相比，有三个明显特征：第一，机构的稳定性；第二，经营的持续性；第三，不是单一个人活动，可能存在雇佣关系。

凡是不符合上述三个特征的所得不构成经营所得。劳务报酬所得在稳定性、持续性方面均不如经营所得，而且往往体现出较强的个人特征。

3.5.1.3 取得经营所得的个人是否能减除相关费用和扣除

取得经营所得的个人可以扣除相关费用，但是有个限定条件，就是没有综合所得。

《个人所得税法实施条例》第十五条规定："取得经营所得的个人，没有综合所得的，计算其每一纳税年度的应纳税所得额时，应当减除费用6万元、专项扣除、专项附加扣除以及依法确定的其他扣除。专项附加扣除在办理汇算清缴时减除。"

在实际操作中，有人认为《个人所得税法实施条例》指的是没有综合所得应纳税所得额，也就是纳税人取得四项综合所得所对应的收入额减去基本生活减除费用6万元、专项扣除、专项附加扣除和其他扣除后是零或者负数，应视为其没有综合所得，若其有经营所得，仍然可以扣除费用6万元、专项扣除、专项附加扣除和其他扣除。上述观点显然是对所得定义的认识出现了偏差。

《个人所得税法实施条例》的上述规定是为了最大限度地让利于纳税人，同时也是为了避免相关扣除项目同时在综合所得、经营所得扣除，造成重复抵税的现象。其实，上述条款提到的费用6万元、专项扣除、专项附加扣除以及依法确定的其他扣除原本为计算综合所得应纳税所得额时扣除项目，可是很多个体工商户、个人独资企业投资人、合伙企业合伙人只有经营所得，并没有综合所得，为了减轻他们的实际税负，才准予其抵扣经营所得，如果重复抵扣，明显是有违立法原意。

3.5.1.4 经营所得不属于扣缴申报的范围

根据《个人所得税扣缴申报管理办法（试行）》（国家税务总局公告

2018年第61号）第四条的规定，实行个人所得税全员全额扣缴申报的应税所得并不包括经营所得，而是包括其他八类所得。

为何偏偏将经营所得排除在扣缴申报之外呢？经营所得与其他八类所得有个巨大的不同，那就是经营所得并非是实际所得，而是账面所得。其他所得，无论是现金所得，还是实物、有价证券等非现金所得，均是实实在在到手的所得，唯独经营所得只是停留在账面上的所得，并非分配给业主、自然人合伙人或投资人的实际收益。

缴纳企业所得税的法人组织有了经营利润，需要就此缴纳企业所得税。法人组织将税后利润分配给法人股东，法人股东不需要为此再缴纳企业所得税，但如果分配给自然人股东，需要按照股息、利息、红利所得缴纳个人所得税。

个体工商户、合伙企业、个人独资企业并非法人组织，与自然人股东的个人财产不能做到有效区分，因此其既不是企业所得税的纳税人，也不是个人所得税的纳税人。在税制设计上，个体工商户、合伙企业、个人独资企业的经营利润先分配给自然人股东后，与其个人所得合并后一并缴纳个人所得税。

扣缴义务人是指向个人支付所得的单位或者个人，但实际上个体工商户、合伙企业、个人独资企业可能并未支付或者并未完全按照分配的经营所得支付相应款项，因此个体工商户、合伙企业、个人独资企业并非经营所得的扣缴义务人。

注意：个体工商户、合伙企业、个人独资企业并非不能成为扣缴义务人，比如，向雇员支付工资，向自然人房东支付房租时，依旧负有扣缴义务。

3.5.1.5　出租车运营行为的界定

经营单位对出租车驾驶员采取"单车承包或承租方式运营"，驾驶员收入按照"工资、薪金所得"缴纳个人所得税。出租车在实质上属于个人所有，只是挂靠出租车经营单位缴纳管理费，或出租车经营单位将出租车所有权转移给驾驶员，驾驶员收入按照经营所得缴纳个人所得税。

3.5.1.6　企业为个人购置房屋及其他财产

合伙企业或个人独资企业出资购买房屋及其他财产，将所有权登记为投资者个人、投资者家庭成员或企业其他人员；投资者个人、投资者家庭成员或企业其他成员向企业"借款"用于购买房屋及其他财产,将所有权登记为投资者和个人合伙人、投资者和个人合伙人家庭成员或企业其他人员,且借款年度终了后未归还借款。对个人独资企业、合伙企业的投资者和个人合伙人或其家庭成员取得的上述所得,视为企业对个人投资者的利润分配,按照经营所得计征个人所得税;对除个人独资企业、合伙企业以外其他企业的个人投资者或其家庭成员取得的上述所得,视为企业对个人投资者的红利分配,按照利息、股息、红利所得计征个人所得税;对企业其他人员取得的上述所得,按照工资、薪金所得计征个人所得税。

3.5.2 个体工商户经营所得

此处所指的个体工商户不仅包括依法取得个体工商户营业执照并从事生产经营的个体工商户,还包括经政府有关部门批准,从事办学、医疗、咨询等有偿服务活动的个人以及其他从事个体生产、经营的个人,也就是没有办理个体工商户登记,实质上属于个体经营性质的上述个人取得相应所得也属于经营所得。

目前,对个体工商户采取三种征收模式:查账征收、定期定额征收和定率征收。定期定额征收和定率征收是一种特殊的核定征收,是纳税申报之前的一种预先核定,也就是一种事先的推定,因此有的学者将定期定额征收和定率征收作为与核定征收并列的征收方式。

经主管税务机关认定和县级以上税务机关批准的因生产、经营规模小而达不到设置账簿标准的个体工商户实行定期定额征收和定率征收。在实际征管中,规模较大的个体工商户一般实行查账征收,规模稍小的个体工商户实行定率征收,中小型的个体工商户实行定期定额征收,目前对绝大多数个体工商户实行定期定额征收。

税务机关采集实行定期定额征收的纳税人相关信息,包括定额项目、资产投资总额、经营面积、年房屋租金、仓储面积、所属乡镇和街道、所属集贸市场、从业人数、经营方式、兼营情况、代理品牌数量、淡季旺季情况、代理区域、交通工具、所属路段、经营年限、广告类别、信誉程度、应纳消费税经营收入占总收入比例、其他项目共 20 项内容,综合核定其下一年度生产经营收入总额,并且在固定期限(通常为 1 年)内予以执行。在上述期限内,如果其实际生产经营收入额高于核定出的生产经营收入额,按照实际生产经营收入额缴纳税款。

定期定额核定的"额"是收入额,具体又可分为所得率征收方式和征收率征收方式。

所得率征收方式的公式如下：

被投资单位经营所得（即应纳税所得额）＝收入总额×所得率

计算得出的经营所得与查账征收方式一样，适用"个人所得税税率表"（经营所得适用），见表3－5。

表3－5　个人所得税税率

（经营所得适用）

级数	全年应纳税所得额	税率/%	速算扣除数/元
1	不超过30000元的部分	5	0
2	超过30000元至90000元的部分	10	1500
3	超过90000元至300000元的部分	20	10500
4	超过300000元至500000元的部分	30	40500
5	超过500000元的部分	35	65500

所得率征收方式与核定应税所得率征收（能准确核算收入总额）的计算方法看似一致，为何要对两者进行区分呢？两者的区别在于收入总额的确定，核定应税所得率征收的收入总额是实际发生收入总额，而所得率征收方式的收入总额为核定的收入额，如果实际收入额超过核定收入额，以实际收入额为准。

比如，实行定期定额征收的个体工商户大解商铺被税务机关核定的收入总额为每月100000元，所得率为5%。

目前深圳等地除娱乐行业外，其他行业的所得率均为5%。但深圳定期定额征收均采用征收率征收方式，基本不采用所得率征收方式。

2020年1月，大解商铺收入总额为80000元，低于核定额，按照核定额确定收入总额，那么其1月应纳税所得额为100000×5%＝5000（元）。

对照"个人所得税税率表"（经营所得适用），适用5%税率。应纳所得税额为5000×5%＝250（元）。

2020年2月，大解商铺收入总额为110000元，高于核定额，按照实际发生额确定收入总额，那么其1月应纳税所得额为110000×5%＝5500（元）。

对照"个人所得税税率表"（经营所得适用），适用5%税率。应纳所得税额为5500×5%＝275（元）。

征收率征收方式的公式如下:

应纳个人所得税税额 = 收入总额(不含增值税) × 征收率

注意征收率与税率的区别,征收率直接乘以收入总额,计算得出应纳所得税额,而税率不能直接乘以收入总额,而是乘以应纳税所得额。

实行定期定额征收的个体工商户大解商铺被税务机关核定的收入总额为每月 100000 元,征收率为 0.8%。

2020 年 1 月,大解商铺收入总额为 80000 元,低于核定额,按照核定额确定收入总额,那么其 1 月应纳个人所得税税额为 100000×0.8% = 800(元)。

2020 年 2 月,大解商铺收入总额为 110000 元,高于核定额,按照实际发生额确定收入总额,那么其 2 月应纳个人所得税税额为 110000×0.8% = 880(元)。

目前全国各地个人所得税征收率基本上都与增值税政策相衔接,对每月不含税销售额 10 万元(含)以下的个体工商户、合伙企业、个人独资企业的业主、个人合伙人、投资人,征收率为 0%。对于超过 10 万元的如何确定征收率,各地政策并不统一,比如,青海统一按照 0.4% 的征收率征收,深圳根据收入情况划分为 0.8% 和 1% 两档征收率(表 3-6)。

表 3-6 深圳市个人所得税核定征收率(按月)

序号	月度经营收入	征收率/%
1	10 万元(含)以下的部分	0
2	10 万元以上至 30 万元(含)以下的部分	0.8
3	30 万元以上的部分	1

注:按季申报的纳税人按照月度征收率表换算为季度征收率表。

实行定率征收的个体工商户的收入额以其实际的收入总额为准,而并非核定的收入总额,也可以选择所得率征收方式或征收率征收方式,但在征管实践中,不同地方对上述两种方式有不同的偏好。

查账征收方式较为复杂,以权责发生制为原则,属于当期的收入和费用,不论款项是否收付,均作为当期的收入和费用;不属于当期的收入和费用,即使款项已经在当期收付,均不作为当期收入和费用,有特殊规定的除外。

3.5.2.1 计税基本规定

个体工商户的生产、经营所得,以每一纳税年度的收入总额,减除成本、费用、税金、损失、其他支出以及允许弥补的以前年度亏损后的余额,为应纳税所得额。

个体工商户从事生产经营以及与生产经营有关的活动取得的货币形式和非货币形式的各项收入,为收入总额,包括销售货物收入、提供劳务收入、转让财产收入、利息收入、租金收入、接受捐赠收入、其他收入。其他收入包括个体工商户资产溢余收入、逾期一年以上的未退包装物押金收入、确实无法偿付的应付款项已作坏账损失处理后又收回的应收款项、债务重组收入、补贴收入、违约金收入、汇兑收益等。

成本是指个体工商户在生产经营活动中发生的销售成本、销货成本、业务支出以及其他耗费。

费用是指个体工商户在生产经营活动中发生的销售费用、管理费用和财务费用,已经计入成本的有关费用除外。

税金是指个体工商户在生产经营活动中发生的除个人所得税和允许抵扣的增值税以外的各项税金及其附加。

损失是指个体工商户在生产经营活动中发生的固定资产和存货的盘亏、毁损、报废损失,转让财产损失,坏账损失,自然灾害等不可抗力因素造成的损失以及其他损失。个体工商户发生的损失,减除责任人赔偿和保险赔款后的余额,参照财政部、国家税务总局有关企业资产损失税前扣除的规定扣除。个体工商户已经作为损失处理的资产,在以后纳税年度又全部收回或者部分收回时,应当计入收回当期的收入。

其他支出是指除成本、费用、税金、损失外,个体工商户在生产经营活动中发生的与生产经营活动有关的、合理的支出。

个体工商户发生的支出应当区分收益性支出和资本性支出。收益性支出在发生当期直接扣除;资本性支出应当分期扣除或者计入有关资产成本,不得在发生当期直接扣除。

除税收法律法规另有规定外,个体工商户实际发生的成本、费用、税金、损失和其他支出,不得重复扣除。

个体工商户的下列支出不得扣除:
(1) 个人所得税税款。
(2) 税收滞纳金。

(3) 罚金、罚款和被没收财物的损失。

(4) 不符合扣除规定的捐赠支出。

(5) 赞助支出。

(6) 用于个人和家庭的支出。

(7) 与取得生产经营收入无关的其他支出。

(8) 国家税务总局规定不准扣除的支出。

上述不允许扣除的范围与企业所得税基本一致,对个体工商户的特殊规定是,在生产经营活动中,应当分别核算生产经营费用和个人、家庭费用。对于生产经营与个人、家庭生活混用而难以分清的费用,其40%视为与生产经营有关费用,准予扣除。

个体工商户纳税年度发生的亏损,准予向以后年度结转,用以后年度的生产经营所得弥补,但结转年限不得超过5年。

个体工商户使用或者销售存货,按照规定计算的存货成本,准予在计算应纳税所得额时扣除。

个体工商户转让资产,该项资产的净值,准予在计算应纳税所得额时扣除。

3.5.2.2 扣除项目及标准

1. 工资薪金支出

个体工商户实际支付给从业人员的合理工资、薪金支出,准予扣除,但个体工商户业主的工资、薪金支出不得在税前扣除。

2. 社会保险

个体工商户按规定为其业主和从业人员缴纳的基本养老保险费、基本医疗保险费、失业保险费、生育保险费、工伤保险费和住房公积金,准予扣除。

个体工商户为从业人员缴纳的补充养老保险费、补充医疗保险费,分别在不超过从业人员工资总额5%标准内的部分据实扣除;超过部分,不得扣除。

个体工商户业主本人缴纳的补充养老保险费、补充医疗保险费,以当地(地级市)上年度社会平均工资的3倍为计算基数,分别在不超过该计算基数5%标准内的部分据实扣除;超过部分,不得扣除。

3. 商业保险

个体工商户参加财产保险的,按照规定缴纳的保险费,准予扣除。

除个体工商户依照国家有关规定为特殊工种从业人员支付的人身安全保险费和财政部、国家税务总局规定可以扣除的其他商业保险费外,个体工商户业主本人或者为从业人员支付的商业保险费,不得扣除。

目前,法律法规规定的需要为其支付人身安全保险的特殊工种,主要包括以下四类:

第一类是保安人员。根据《保安服务管理条例》第二十条,保安从业单位应当根据保安服务岗位的风险程度,为保安员投保意外伤害保险。

第二类是建筑危险作业人员。根据《中华人民共和国建筑法》第四十八条,鼓励企业为从事危险作业的职工办理意外伤害保险,支付保险费。

第三类是煤炭井下作业人员。根据《中华人民共和国煤炭法》第三十九条,煤矿企业应当依法为职工参加工伤保险缴纳工伤保险费。鼓励企业为井下作业职工办理意外伤害保险,支付保险费。

第四类是高危行业人员。根据《高危行业企业安全生产费用财务管理暂行办法》第十八条,企业应当为从事高空、高压、易燃、易爆、剧毒、放射性、高速运输、野外、矿井等高危作业的人员办理团体人身意外伤害保险或个人意外伤害保险。所需保险费用直接列入成本(费用),不在安全费用中列支。

4. 借款费用

个体工商户在生产经营活动中发生的合理的不需要资本化的借款费用,准予扣除。

个体工商户为购置、建造固定资产、无形资产和经过12个月以上的建造才达到预定可销售状态的存货发生的借款,在有关资产购置、建造期间发生的合理的借款费用,应当作为资本性支出计入有关资产的成本,通过固定资产折旧、无形资产摊销等形式予以扣除。

向金融企业借款的利息支出准予据实扣除;向非金融企业和个人借款的利息支出,不超过按照金融企业同期同类贷款利率计算的数额的部分,准予扣除。

5. 汇兑损失

个体工商户在货币交易中以及纳税年度终了时,将人民币以外的货币性资产负债按照期末即期人民币汇率中间价折算为人民币时产生的汇兑损失,除已经计入有关资产成本部分外,准予扣除。

6. 三项经费

个体工商户向当地工会组织拨缴的工会经费、实际发生的职工福利费支出、职工教育经费支出分别在工资薪金总额的2%、14%、2.5%的标准内据实扣除。

工资、薪金总额是指允许在当期税前扣除的工资、薪金支出数额。职工教育经费的实际发生数额超出规定比例当期不能扣除的数额，准予在以后纳税年度结转扣除。

个体工商户向当地工会组织缴纳的工会经费、实际发生的职工福利费支出、职工教育经费支出，以当地（地级市）上年度社会平均工资的3倍为计算基数，在规定比例内据实扣除。

7. 业务招待费

个体工商户发生的与生产经营活动有关的业务招待费，按照实际发生额的60%扣除，但最高不得超过当年销售（营业）收入的5‰。

个体工商户自申请营业执照之日起至开始生产经营之日止所发生的业务招待费，按照实际发生额的60%计入个体工商户的开办费。

8. 广告费和业务宣传费

个体工商户每一纳税年度发生的与其生产经营活动直接相关的广告费和业务宣传费，不超过当年销售（营业）收入15%的部分，可以据实扣除；超过部分，准予在以后纳税年度结转扣除。

9. 租赁费支出

个体工商户根据生产经营活动的需要，以经营租赁方式租入固定资产而发生的租赁费支出，按照租赁期限均匀扣除；以融资租赁方式租入固定资产而发生的租赁费支出，按照规定构成融资租入固定资产价值的部分，应当提取折旧费用，分期扣除。

10. 开办费

个体工商户自申请营业执照之日起至开始生产经营之日止所发生符合规定的费用，除为取得固定资产、无形资产的支出以及应计入资产价值的汇兑损益、利息支出外，作为开办费，个体工商户可以选择在开始生产经营的当年一次性扣除，也可自生产经营月份起在不短于3年期限内摊销扣除，但一经选定，不得改变。

开始生产经营之日为个体工商户取得第一笔销售（营业）收入的日期。

11. 公益事业捐赠

个体工商户通过公益性社会团体或者县级以上人民政府及其部门，用于《中华人民共和国公益事业捐赠法》规定的公益事业的捐赠，捐赠额不超过其应纳税所得额30%的部分，可以据实扣除。

12. 技术开发费用和设备

个体工商户研究开发新产品、新技术、新工艺所发生的开发费用以及研究开发新产品、新技术而购置单台价值在 10 万元以下的测试仪器和试验性装置的购置费，准予直接扣除；单台价值在 10 万元以上（含 10 万元）的测试仪器和试验性装置按照固定资产管理，不得在当期直接扣除。

13. 其他支出

个体工商户代其从业人员或者他人负担的税款，不得在税前进行扣除。

个体工商户按照规定缴纳的摊位费、行政性收费、协会会费等，按照实际发生数额扣除。

个体工商户发生的合理的劳动保护支出，准予扣除。

3.5.3 个人独资企业、合伙企业经营所得

个人独资企业以投资者为纳税义务人，合伙企业以每一个合伙人为纳税义务人。对于上述两类企业而言，通常情况下需要采用建账征收方式，计税方式与采取查账征收的个体工商户基本一致。个人独资企业和合伙企业每一纳税年度的收入总额减除成本、费用以及损失后的余额，即为投资者个人的生产经营所得。

3.5.3.1 职工教育经费扣除比例

2018 年之前，无论是企业所得税纳税人，还是个体工商户、个人独资企业、合伙企业，职工教育经费扣除比例均为不超过工资薪金总额 2.5% 的部分予以扣除。

《财政部 国家税务总局关于企业职工教育经费税前扣除政策的通知》（财税〔2018〕51 号）规定，自 2018 年 1 月 1 日起，企业发生的职工教育经费支出，不超过工资薪金总额 8% 的部分，准予在计算企业所得税应纳税所得额时扣除，超过部分，准予在以后纳税年度结转扣除。

上述规定是否适用于个人独资企业和合伙企业曾经引起过争议，上述规定适用主体是企业，因此有人认为，个人独资企业和合伙企业也应当可以适用，但政策明确规定准予在计算企业所得税应纳税所得额时扣除，而个人独资企业和合伙企业并不缴纳企业所得税，因此不应适用上述政策。

3.5.3.2 公益慈善事业捐赠支出

根据《财政部 税务总局关于公益慈善事业捐赠个人所得税政策的公

告》(财政部 税务总局公告 2019 年第 99 号),个体工商户发生的公益捐赠支出,在其经营所得中予以扣除。

对于个人独资企业、合伙企业发生的公益捐赠支出,个人投资者应当按照捐赠年度合伙企业的分配比例(个人独资企业分配比例为 100%),计算归属于每一个投资者的公益捐赠支出,个人投资者应将其归属的个人独资企业、合伙企业公益捐赠支出和本人需要在经营所得扣除的其他公益捐赠支出合并,在其经营所得中扣除。

在经营所得中扣除公益捐赠支出,可以选择在预缴税款时扣除,也可以选择在汇算清缴时扣除。

经营所得采取核定征收方式的,不得扣除公益捐赠支出。

3.5.3.3 应纳税所得额的确定

个人独资企业的投资者以全部生产经营所得为应纳税所得额;合伙企业的投资者按照合伙企业的全部生产经营所得和合伙协议约定的分配比例确定应纳税所得额,合伙协议没有约定分配比例的,以全部生产经营所得和合伙人数量平均计算每个投资者的应纳税所得额。上述生产经营所得,包括企业分配给投资者个人的所得和企业当年留存的所得(利润)。

3.5.3.4 "四业"所得免税规定

《财政部 国家税务总局关于个人独资企业和合伙企业投资者取得种植业养殖业饲养业捕捞业所得有关个人所得税问题的批复》(财税〔2010〕96 号)和《财政部 国家税务总局关于农村税费改革试点地区有关个人所得税问题的通知》(财税〔2004〕30 号)规定,对个人、个体工商户、个人独资企业和合伙企业从事种植业、养殖业、饲养业、捕捞业,其取得的"四业"所得暂不征收个人所得税。

3.6 财产租赁所得纳税筹划

财产租赁所得是指个人出租不动产、机器设备、车船以及其他财产取得的所得。

3.6.1 财产租赁所得据实征收

按照规定,个人出租财产取得的财产租赁收入采取据实征收方式计算应纳税所得额时，可凭有效、准确凭证，从其租金收入中依次减除。

（1）财产租赁过程中缴纳的税费，包括印花税、房产税、城建税、教育费附加、地方教育附加等。由于增值税是价外税，个人租赁财产的收入应换算为不含增值税收入，因此上述税费不包括出租过程中缴纳的增值税。如果是免征增值税，租金收入不应扣减增值税额。

（2）向出租方支付的租金，主要适用于转租情形。纳税人向财产出租方支付的租金及增值税额，凭财产租赁合同和合法支付凭据，允许在计算个人所得税时，从该项转租收入中予以扣除。

（3）由纳税人负担的租赁财产实际开支的修缮费用，以每次800元为限，一次扣除不完的，准予在下一次继续扣除，直至扣完为止。确定出租财产修缮费用时，纳税人提供的有关合法、有效凭证，包括完税凭证、套印税务机关发票监制章的发票、经省级税务机关批准不套印发票监制章的专业发票、财政部门管理的行政性收费收据，以及经财政部门、税务部门认可的其他凭证。发生修理费、建筑施工费、装修费等修缮费用的，纳税人必须提供有关合同、协议。

（4）税法规定的费用扣除标准为每次收入不超过4000元的，减除费用800元；每次收入超过4000元的，按照收入的20%减除费用。

案例：我国居民王大花于2020年10—12月因出租商铺而取得租金收入189000元。当月发生漏雨，修缮费用2100元。10月王大花应缴纳多少元的个人所得税？

解析：平均每月租金 = 189000 ÷ 3 = 63000（元）。

应缴纳增值税 = 63000 ÷ (1 + 5%) × 5% = 3000（元）。

应缴纳城建税及其附加 = 3000 × (7% + 3% + 2%) = 360（元），减半征收后为180元。

应缴纳印花税 = 60000 × 0.1% = 60（元）。

应缴纳房产税 = 63000 ÷ (1 + 5%) × 12% = 7200（元）。

漏雨产生的修缮费为2100元，每月扣除额不超过800元，剩余金额在下月继续扣除。

应缴纳个人所得税税额 = [63000 ÷ (1 + 5%) − 180 − 7200 − 60 − 800] × (1 − 20%) × 20% = 8281.6（元）。

3.6.2 财产租赁所得核定征收

个人不能提供合法、准确的成本费用凭证，不能准确计算财产租赁成本费用的，主管税务机关可按应税收入核定征收个人所得税财产租赁所得。

核定应纳税额的计算公式如下：

应纳税额 = 应税收入 × 核定征收率

各地核定征收率并不一致，一般为 1.5% ~ 2% 不等。

3.6.3 特殊形式的财产租赁所得

个人与单位签订协议，由个人出资购买相关仪器或设备交单位使用，取得的收入扣除有关费用后，剩余部分，双方按一定比例分成；相关仪器或设备使用达到一定年限后，产权归单位所有，但收入继续分成。

上述行为实际上是一种具有投资特征的融资租赁行为，个人取得的分成所得，应按照财产租赁所得征收个人所得税，具体计征办法如下：自合同生效之日起至财产产权发生转移之日止，个人取得的分成所得可在上述年限内按月平均扣除设备投资后，就其余额按税法规定计征个人所得税；产权转移后，个人取得的全部分成收入应按税法规定计征个人所得税。税款由单位在向个人支付所得时代扣代缴。

案例：张汉文购买一套医疗设备，总计投资 60 万元。张汉文将该医疗设备出租给民营医院华山医院，每月获得分成收入 20000 元。双方约定租期为 5 年，租期期满后，该医疗设备的产权归华山医院所有，但每月仍需支付张汉文分成收入 8000 元。

解析：在 5 年租期内，60 万元的设备投资额折算成每个月的成本，便是每月 10000 元，准予从分成收入中扣除，张汉文每月应纳个人所得税税额为 (20000 - 10000) × (1 - 20%) × 20% = 1600（元）。

租期期满后，张汉文每月应缴纳个人所得税税额为 8000 × (1 - 20%) × 20% = 1280（元）。

需要注意的是，在计算财产租赁所得应纳税额时，需要区分是经营性租赁，还是融资性租赁。在会计上，按照实质重于形式的原则，华山医院虽然对于融资租入的医疗设备在名义上并不拥有所有权，但在实质上享受其带来的经济收益，因此可以作为自有固定资产计提折旧。在计算融资租赁收入应纳税额时，可以减去该医疗设备的投资额，而计算经营租赁收入应纳税额时，不允许减去该医疗设备的投资额。

3.7 财产转让所得纳税筹划

3.7.1 财产转让所得相关概念

财产转让所得是指个人转让有价证券、股权、合伙企业中的财产份额、不动产、机器设备、车船以及其他财产取得的所得。

财产转让所得以转让财产的收入额减除财产原值和合理费用后的余额，为应纳税所得额，适用20%的税率。

非货币性资产是指现金、银行存款等货币性资产以外的资产，包括股权、不动产、技术发明成果以及其他形式的非货币性资产。以非货币性资产投资包括以非货币性资产出资设立新的企业以及以非货币性资产出资参与企业增资扩股、定向增发股票、股权置换、重组改制等投资行为。

个人以非货币性资产投资，应于非货币性资产转让、取得被投资企业股权时，确认非货币性资产转让收入的实现，应按照评估后的公允价值确认非货币性资产转让收入。纳税人非货币性资产投资应纳税所得额为非货币性资产转让收入减除该资产原值及合理税费后的余额，按照财产转让所得，适用20%税率进行缴纳。

非货币性资产原值为纳税人取得该项资产时实际发生的支出。纳税人无法提供完整、准确的非货币性资产原值凭证，不能正确计算非货币性资产原值的，主管税务机关可依法核定其非货币性资产原值。纳税人以股权投资的，该股权原值确认按照有关规定执行。

合理税费是指纳税人在非货币性资产投资过程中发生的与资产转移相关的税金及合理费用。

纳税人对上述税款一次性缴税有困难的，可合理确定分期缴纳计划，报主管税务机关备案后，自发生上述应税行为之日起不超过5个公历年度内（含）分期缴纳个人所得税。

纳税人需要分期缴税的，应于取得被投资企业股权之日的次月15日内，自行制订缴税计划并向主管税务机关报送非货币性资产投资分期缴纳个人所得税备案表、纳税人身份证明、投资协议、非货币性资产评估价格证明材料、能够证明非货币性资产原值及合理税费的相关资料。

以发生非货币性资产投资行为并取得被投资企业股权的个人为纳税人，

由其向主管税务机关自行申报缴纳。纳税人以不动产投资，以不动产所在地税务机关为主管税务机关；纳税人以其持有的企业股权对外投资的，以该企业所在地税务机关为主管税务机关；纳税人以其他非货币资产投资的，以被投资企业所在地税务机关为主管税务机关。

纳税人分期缴税期间提出变更原分期缴税计划的，应重新制订分期缴税计划并向主管税务机关重新报送"非货币性资产投资分期缴纳个人所得税备案表"。

纳税人按分期缴税计划向主管税务机关办理纳税申报时，应提供已在主管税务机关备案的"非货币性资产投资分期缴纳个人所得税备案表"和本期之前各期已缴纳个人所得税的完税凭证。

纳税人在分期缴税期间转让股权的，应于转让股权之日的次月15日内向主管税务机关申报纳税。

被投资企业应将纳税人以非货币性资产投入本企业取得股权和分期缴税期间纳税人股权变动情况，分别于相关事项发生后15日内向主管税务机关报告。

3.7.2 个人取得拍卖收入

个人拍卖除文字作品原稿及复印件之外的其他财产（包括字画、瓷器、玉器、珠宝、邮品、钱币、古籍、古董等物品），应以其转让收入额减除财产原值和合理费用后的余额为应纳税所得额，按照财产转让所得，适用20%税率缴纳个人所得税。

拍卖该项财产以最终拍卖成交价格为其转让收入额，计算应纳税所得额时，纳税人凭合法有效凭证（税务机关监制的正式发票、相关境外交易单据或海关报关单据、完税证明等），从其转让收入额中减除相应的财产原值、拍卖财产过程中缴纳的税金及有关合理费用。

拍卖财产过程中缴纳的税金是指在拍卖财产时纳税人实际缴纳的相关税金及附加。有关合理费用是指拍卖财产时纳税人按照规定实际支付的拍卖费（佣金）、鉴定费、评估费、图录费、证书费等费用。

财产原值是指售出方个人取得该拍卖品的价格（以合法有效凭证为准），具体如下：

（1）通过商店、画廊等途径购买的，为购买该拍卖品时实际支付的价款。

（2）通过拍卖行拍得的，为拍得该拍卖品实际支付的价款及交纳的相关税费。

(3) 通过祖传收藏的,为其收藏该拍卖品而发生的费用。

(4) 通过赠送取得的,为其受赠该拍卖品时发生的相关税费。

(5) 通过其他形式取得的,参照以上原则确定财产原值。

纳税人如果不能提供合法、完整、准确的财产原值凭证,不能正确计算财产原值,按转让收入额的3%征收率计算缴纳个人所得税;拍卖品为经文物部门认定是海外回流文物,按转让收入额的2%征收率计算缴纳个人所得税。

纳税人的财产原值凭证内容填写不规范,或者一份财产原值凭证包括多件拍卖品且无法确认每件拍卖品一一对应原值的,不得将其作为扣除财产原值的计算依据,应视为不能提供合法、完整、准确的财产原值凭证,并按上述规定的征收率计算缴纳个人所得税。

纳税人能够提供合法、完整、准确的财产原值凭证,但不能提供有关税费凭证,不得按征收率计算纳税,应当就财产原值凭证上注明的金额据实扣除,并按照税法规定计算缴纳个人所得税。

个人财产拍卖所得应纳的个人所得税税款,由拍卖单位负责代扣代缴,并按规定向拍卖单位所在地主管税务机关办理纳税申报。

拍卖单位代扣代缴个人财产拍卖所得应纳的个人所得税税款时,应给纳税人开具完税凭证,并详细标明每件拍卖品的名称、拍卖成交价格、扣缴税款额。

3.7.3 开放式证券投资基金有关收入

对个人投资者申购和赎回基金单位取得的差价收入,在对个人买卖股票的差价收入未恢复征收个人所得税以前,暂不征收个人所得税。目前,对转让流通股依旧暂免征收个人所得税,因此买卖开放式证券投资基金取得的差价收入,也暂不征收个人所得税。

为了实现增值,开放式证券投资基金要通过购买股票、债券、存款等获取投资收益,对于基金取得的股票的股息、红利收入,债券的利息收入、储蓄存款利息收入,由上市公司、发行债券的企业和银行等支付方在向基金支付上述收入时代扣代缴20%的个人所得税;基金再向投资者分配收入时,暂不征收个人所得税。

3.8 利息、股息、红利所得纳税筹划

利息、股息、红利所得是指个人拥有债权、股权等而取得的利息、股息、红利所得，以每次收入额为应纳税所得额，适用税率为20%。

股息，即股票的利息，是指公司根据股东出资或者占股的比例，按照事先固定的比率向股东分配的公司盈余。红利则是指公司分派股息之后，按持股比例向股东分配的剩余利润。一般来说，股息是分配给优先股股东的股票收益；红利是股息分配完成以后，从公司剩余利润中分配给普通股股东的。一些公司也给普通股股东分配股息，但常常和红利一并结算，特别对于优先股而言，股息的利率是固定的，而红利的数额通常是不固定的，随着公司每年可分配盈余的多少而上下浮动。

3.8.1 国债和国家发行的金融债券利息所得

个人持有中华人民共和国财政部发行的债券而取得的国债利息，以及经国务院批准发行的金融债券而取得的国家发行的金融债券利息，免征个人所得税；持有其他中央部门或者地方政府及其部门批准发行的金融债券而取得的利息不享受免征政策，按照20%的利率缴纳个人所得税。

3.8.2 储蓄存款利息所得

自2008年10月9日起，对储蓄存款利息所得暂免征收个人所得税。储蓄存款在1999年10月31日前孳生的利息所得，不征收个人所得税；储蓄存款在1999年11月1日至2007年8月14日孳生的利息所得，按照20%的比例税率征收个人所得税；储蓄存款在2007年8月15日至2008年10月8日孳生的利息所得，按照5%的比例税率征收个人所得税；储蓄存款在2008年10月9日后（含10月9日）孳生的利息所得，暂免征收个人所得税。

3.8.3 储蓄性专项基金或资金存款的利息所得

按照国家或省级地方政府规定的比例缴付的住房公积金、医疗保险金、基本养老保险金、失业保险基金等专项基金或资金存入银行个人账户所取得的利息收入，免征个人所得税。

3.8.4 地方政府债券利息所得

对企业和个人取得的2012年及以后年度发行的地方政府债券利息收入，免征企业所得税和个人所得税。上述地方政府债券是指经国务院批准同意，以省、自治区、直辖市、计划单列市政府为发行和偿还主体的债券。

3.8.5 铁路债券利息所得

对个人投资者持有2019—2023年发行的铁路债券取得的利息收入，减按50%计入应纳税所得额计算征收个人所得税。税款由兑付机构在向个人投资者兑付利息时代扣代缴。铁路债券特指以中国国家铁路集团有限公司为发行和偿还主体的债券，包括中国铁路建设债券、中期票据、短期融资券等债务融资工具。

为了平衡个人与单位利益，对企业投资者持有2019—2023年发行的铁路债券取得的利息收入，减半征收企业所得税。

3.8.6 证券交易结算资金利息所得

证券市场个人投资者在证券经纪商处开立证券交易结算资金账户并存入证券交易所需资金，上述资金孳生的利息按当期人民银行公布的活期利息计算。证券市场个人投资者取得的证券交易结算资金利息所得，暂免征收个人所得税。

上市公司的股息、红利所得实行差别化缴税政策。

对个人因持有上市公司股票而取得的股息、红利在个人所得税上实行差别化缴税政策，上市公司仅指在上海证券交易所、深圳证券交易所挂牌交易的上市公司，不包括在境外上市的公司。

由于实行差别化个人所得税政策，因此上市公司股息、红利缴税的关键因素便是持股期限，也就是指个人从公开发行和转让市场取得上市公司股票之日至转让交割该股票之日前一日的持有时间。

个人从公开发行和转让市场取得的上市公司股票的方式包括：
(1) 通过证券交易所集中交易系统或大宗交易系统取得的股票。
(2) 通过协议转让取得的股票。
(3) 因司法扣划取得的股票。
(4) 因依法继承或家庭财产分割取得的股票。

（5）通过收购取得的股票。

（6）权证行权取得的股票。

（7）使用可转换公司债券转换的股票。

（8）取得发行的股票、配股、股份股利及公积金转增股本。

（9）持有从代办股份转让系统转到主板市场（或中小板、创业板市场）的股票。

（10）上市公司合并，个人持有的被合并公司股票转换的合并后公司股票。

（11）上市公司分立，个人持有的被分立公司股票转换的分立后公司股票。

（12）其他从公开发行和转让市场取得的股票。

个人转让交割股票的方式包括：

（1）通过证券交易所集中交易系统或大宗交易系统转让股票。

（2）协议转让股票。

（3）持有的股票被司法扣划。

（4）因依法继承、捐赠或家庭财产分割让渡股票所有权。

（5）用股票接受要约收购。

（6）行使现金选择权将股票转让给提供现金选择权的第三方。

（7）用股票认购或申购交易型开放式指数基金份额。

（8）其他具有转让实质的情形。

持股期限所指的年（月）是指自然年（月）。持股一年是指从上一年某月某日至本年同月同日的前一日连续持股；持股一个月是指从上月某日至本月同日的前一日连续持股。

案例：投资者孙静吉于 2020 年 2 月 11 日买入某公司 A 股，孙静吉于 2020 年 3 月 10 日卖出，则持有该股票的期限为 1 个月；于 2020 年 3 月 10 日以后卖出，则持有该股票的期限为 1 个月以上；于 2021 年 3 月 10 日卖出，则持有该股票的期限为 1 年；于 2021 年 3 月 10 日以后卖出，则认定持有该股票的期限为 1 年以上。

个人从公开发行和转让市场取得的上市公司股票，持股期限在 1 个月以内（含 1 个月）的，其股息红利所得全额计入应纳税所得额（实际税负 20%）；持股期限在 1 个月以上至 1 年（含 1 年）的，暂减按 50% 计入应纳税所得额（实际税负 10%）；持股期限超过 1 年的，股息红利所得，暂免征收个人所得税。上述所得统一适用20%的税率，计征个人所得税。

上市公司派发股息、红利时，对个人持股1年以内（含1年）的，上市公司普遍不扣缴个人所得税；待个人转让股票时，证券登记结算公司根据其持股期限计算应纳税额，由证券公司等股份托管机构从个人资金账户中扣收并划付证券登记结算公司，证券登记结算公司应于次月5个工作日内划付上市公司，上市公司在收到税款当月的法定申报期内向主管税务机关申报缴纳。

对个人持有的上市公司限售股，解禁后取得的股息、红利，也可以按照上述规定计算纳税，但持股时间自解禁日起计算；解禁前取得的股息、红利继续暂减按50%计入应纳税所得额，适用20%的税率计征个人所得税。

证券投资基金从上市公司取得的股息、红利所得，也按照上述规定计征个人所得税。

个人转让股票时，按照先进先出的原则计算持股期限，即证券账户中先取得的股票视为先转让。应纳税所得额以个人投资者证券账户为单位计算，持股数量以每日日终结算后个人投资者证券账户的持有记录为准，证券账户取得或转让的股份数为每日日终结算后的净增（减）股份数。

案例：小张于2020年5月15日买入某上市公司股票8000股，2021年4月3日又买入2000股，2021年6月6日又买入5000股，共持有该公司股票15000股，2021年6月11日卖出其中的13000股。按照先进先出的原则，视为依次卖出2020年5月15日买入的8000股、2021年4月3日买入的2000股和2021年6月6日买入的3000股，其中8000股的持股期限超过1年，2000股的持股期限超过1个月且不足1年，3000股的持股期限不足1个月。

3.8.7 全国中小企业股份转让系统挂牌公司的股息红利所得差别化缴税政策

全国中小企业股份转让系统（简称新三板），是经国务院批准设立的全国性证券交易场所，负责组织安排非上市股份公司股份的公开转让；为非上市股份公司融资、并购等相关业务提供服务；为市场参与人提供信息、技术和培训服务；是加快我国多层次资本市场建设发展的重要举措；充分保护投资者及其他市场参与主体的合法权益，推动场外交易市场健康发展；促进民间投资和中小企业发展，有效服务实体经济。

全国中小企业股份转让系统挂牌公司在很多税收政策上与上市公司享有几乎相同的待遇。个人持有在全国中小企业股份转让系统公开转让的挂牌的非上市公众公司的股票所获得的股息红利与从上市公司获得的股息红利同样实行差异化征税方式，所依据的就是持股期限，也就是个人取得挂牌公司股票之日至转让交割该股票之日前一日的持有时间，这其中有两个关键点，分别是持有和转让交割持有挂牌公司的股票。持有股票包括以下方式：

（1）在全国中小企业股份转让系统挂牌前取得的股票。

（2）通过全国中小企业股份转让系统转让取得的股票。

（3）因司法扣划取得的股票。

（4）因依法继承或家庭财产分割取得的股票。

（5）通过收购取得的股票。

（6）权证行权取得的股票。

（7）使用附认股权、可转换成股份条款的公司债券认购或者转换的股票。

（8）取得发行的股票、配股、股票股利及公积金转增股本。

（9）挂牌公司合并，个人持有的被合并公司股票转换的合并后公司股票。

（10）挂牌公司分立，个人持有的被分立公司股票转换的分立后公司股票。

（11）其他从全国中小企业股份转让系统取得的股票。

转让交割股票包括以下方式：

（1）通过全国中小企业股份转让系统转让股票。

（2）持有的股票被司法扣划。

（3）因依法继承、捐赠或家庭财产分割让渡股票所有权。

（4）用股票接受要约收购。

（5）行使现金选择权将股票转让给提供现金选择权的第三方。

（6）用股票认购或申购交易型开放式指数基金份额。

（7）其他具有转让实质的情形。

个人转让股票时，按照先进先出的原则计算持股期限，即证券账户中先取得的股票视为先转让。

个人持有挂牌公司的股票，持股期限在 1 个月以内（含 1 个月）的，其股息红利所得全额计入应纳税所得额；持股期限在 1 个月以上至 1 年（含

1年）的，其股息红利所得暂减按50%计入应纳税所得额；持股期限超过1年的，对股息红利所得暂免征收个人所得税。上述所得统一适用20%的税率，计征个人所得税。

挂牌公司派发股息红利时，对截至股权登记日个人持股1年以内（含1年）且尚未转让的，挂牌公司暂不扣缴个人所得税；待个人转让股票时，证券登记结算公司根据其持股期限计算应纳税额，由证券公司等股票托管机构从个人资金账户中划付挂牌公司，挂牌公司在收到税款当月的法定申报期内向主管税务机关申报缴纳，并应办理全员全额扣缴申报。

应纳税所得额以个人投资者证券账户为单位计算，持股数量以每日日终结算后个人投资者证券账户的持有记录为准，证券账户取得或转让的股票数为每日日终结算后的净增（减）股票数。

对证券投资基金从挂牌公司取得的股息红利所得，计征个人所得税。

个人和证券投资基金从全国中小企业股份转让系统挂牌的原全国证券交易自动报价系统（STAQ）、全国电子交易系统（NET）系统挂牌公司，即"两网公司"以及全国中小企业股份转让系统挂牌的退市公司取得的股息红利所得，也按照上述规定计征个人所得税，但退市公司的限售股按照对个人持有的上市公司限售股，解禁后取得的股息红利，按照规定计算纳税，持股时间自解禁日起计算；解禁前取得的股息红利继续暂减按50%计入应纳税所得额，适用20%的税率计征个人所得税。

挂牌公司派发的股息红利与上市公司采用相同的差别化缴税政策，却有执行期限，也就是自2019年7月1日至2024年6月30日执行。挂牌公司、"两网公司"、退市公司派发股息红利，股权登记日在2019年7月1日至2024年6月30日的，股息红利所得按照此规定执行。2019年7月1日之前个人投资者证券账户已持有的挂牌公司、"两网公司"、退市公司股票，其持股时间自取得之日起计算。

3.8.8 其他企业的股息红利

个人从除国内上市公司和全国中小企业股份转让系统挂牌公司之外的其他企业获得的股息红利收入全额，按照20%的税率缴纳个人所得税。

个体工商户与企业联营而分得的利润，按利息、股息、红利所得，征收个人所得税。

3.8.9 创新企业境内发行存托凭证的股息红利所得

创新企业境内发行存托凭证,即创新企业 CDR,是一种重要的金融衍生工具。注册地在境外、主要经营活动在境内的试点红筹企业按程序在境内资本市场发行存托凭证。存托凭证是指由存托人签发、以境外证券为基础,在中国境内发行、代表境外基础证券权益的证券。

存托凭证与股票虽然均属于权益性证券,却存在一定的差异:一是参与主体增加了存托人和托管人,分别承担存托职能和托管职能;二是存托凭证的持有人尽管可以在实质上享受股票的分红、投票等基本权利,但因不是在册股东,不能直接行使股东权利,需要通过存托人代为行使。

自试点开始之日起,对个人投资者持有创新企业 CDR 取得的股息红利所得,3 年内参照上市公司实施股息红利差别化个人所得税政策,持股期限在 1 个月以内(含 1 个月)的,其股息红利所得全额计入应纳税所得额;持股期限在 1 个月以上至 1 年(含 1 年)的,暂减按 50% 计入应纳税所得额;持股期限超过 1 年的,股息红利所得暂免征收个人所得税。上述所得统一适用 20% 的税率,计征个人所得税。

由创新企业在其境内的存托机构代扣代缴税款,并向存托机构所在地税务机关办理全员全额明细申报。对于个人投资者取得的股息红利在境外已缴纳的税款,可按照《个人所得税法》以及双边税收协定(安排)的相关规定,予以抵免。

3.8.10 中小高新技术企业转增股本

注册在中国境内实行查账征收、经认定取得高新技术企业资格,且年销售额和资产总额均不超过 2 亿元、从业人数不超过 500 人的中小高新技术企业以未分配利润、盈余公积、资本公积向个人股东转增股本,应按照利息、股息、红利所得,适用 20% 税率征收个人所得税。

个人股东一次缴纳个人所得税确有困难,可根据实际情况自行制订分期缴税计划,在不超过 5 个(含)公历年度内分期缴纳,并将有关资料报主管税务机关备案。其他未上市,也未在全国中小企业股份转让系统挂牌的企业发生上述涉税业务,个人股东不允许分期缴纳,详见表 3-7。

表 3-7 不同类型公司转增股本个人所得税税负情况

企业类型	上市类型	规模情况	持股期限	税负（2013年1月1日至2015年9月7日）	税负（2015年9月8日起）
高新技术企业	上市公司或挂牌公司	不区分类型	持有超过1年	暂减按25%计入应纳税所得额	暂免征收所得额
			持有1月至1年	暂减按50%计入应纳税所得额，适用20%税率	
			不超过1个月	全额计入应纳税所得额，适用20%税率	
高新技术企业	其他公司	中小型	2016年1月1日起，缴纳税款确有困难，在不超过5个公历年度内（含）分期缴纳，适用20%税率	
		大型	不可分期缴纳，适用20%税率	
非高新技术企业	上市公司或挂牌公司	不区分类型	持有超过1年	暂减按25%	暂免征
			持有1月至1年	暂减按50%计入应纳税所得额，适用20%税率	
	其他公司	不区分类型	不超过1个月	全额计入应纳税所得额，适用20%税率	
			不可分期缴纳，适用20%税率	

股东转让股权并取得现金收入，该现金收入应优先用于缴纳尚未缴清的税款。在股东转让该部分股权之前，企业依法宣告破产，股东进行相关权益处置后没有取得收益或收益小于初始投资额的，主管税务机关对其尚未缴纳的个人所得税，可不予追征。

如果中小高新技术企业上市或在全国中小企业股份转让系统挂牌，向个人股东转增股本，股东应纳的个人所得，继续按照现行有关股息红利差别化个人所得税政策执行，不适用分期纳税政策。

办理转增股本分期缴税，企业应向主管税务机关报送高新技术企业认定证书、股东大会或董事会决议、"个人所得税分期缴纳备案表（转增股本）"、上年度及转增股本当月企业财务报表、转增股本有关情况说明等。高新技术企业认定证书、股东大会或董事会决议的原件，主管税务机关进行形式审核后退还企业，复印件及其他有关资料税务机关留存。

纳税人分期缴税期间需要变更原分期缴税计划的，应重新制订分期缴税计划，由企业向主管税务机关重新报送"个人所得税分期缴纳备案表"。

企业在填写"扣缴个人所得税报告表"时，应将纳税人取得股权奖励或转增股本情况单独填列，并在"备注"栏中注明"转增股本"字样。纳税人在分期缴税期间取得分红或转让股权的，企业应及时代扣股权奖励或转增股本尚未缴清的个人所得税，并于次月 15 日内向主管税务机关申报纳税。

3.8.11 企业改组改制过程中个人取得的量化资产

根据国家有关规定，允许集体所有制企业在改制为股份合作制企业时可以将有关资产量化给职工个人。对职工个人以股份形式取得的仅作为分红依据，不拥有所有权的企业量化资产，不征收个人所得税。对职工个人以股份形式取得的拥有所有权的企业量化资产，暂缓征收个人所得税；待个人将股份转让时，就其转让收入额，减除个人取得该股份时实际支付的费用支出和合理转让费用后的余额，按"财产转让所得"项目计征个人所得税。对职工个人以股份形式取得的企业量化资产参与企业分配而获得的股息、红利，应按利息、股息、红利所得计征个人所得税。

3.9 偶然所得纳税筹划

偶然所得，是指个人得奖、中奖、中彩以及其他偶然性质的所得，按照全额适用 20% 的税率缴纳个人所得税。

有些纳税人可能会有疑惑，偶然所得基本上都是偶然性的额外所得，理应适用高税率，为何其税率与很多所得项目一样依然是 20%？这是因为偶然所得是全额计税，而其他项目要么可以减除原值，要么可以按照收入的 20% 计算减除费用，因此偶然所得的税负实际上高于其他所得。

3.9.1 奖金收入

奖金分为两类，一类是中奖中彩奖金，比如，通过购买彩票、接受营销性质红包、取得有奖发票等途径获得的奖金，另一类是得奖奖金，即向在某一或某些领域做出突出贡献的特定人发放的奖金。

3.9.1.1 中奖中彩奖金

目前，我国批准的彩票主要有两大类：一类是体育彩票，另一类是社会福利彩票。因为上述两类彩票资金的募集都是本着公益目的，为了鼓励百姓踊跃购买，均给予中彩者适当的税收优惠。

根据《财政部　国家税务总局关于个人取得体育彩票中奖所得征免个人所得税问题的通知》（财税字〔1998〕12号），对个人购买体育彩票中奖收入凡一次中奖收入不超过1万元的，暂免征收个人所得税；超过1万元的，应按税法规定全额征收个人所得税。

根据《国家税务总局关于社会福利有奖募捐发行收入税收问题的通知》（国税发〔1994〕127号），对个人购买社会福利有奖募捐奖券一次不超过1万元的暂免征收个人所得税，对一次中奖收入超过1万元的，应按税法规定全额征税。

对于奖项，中奖的纳税人一般应全额按照20%的税率缴纳税款，但个人取得有奖发票奖金可以享受一定的税收优惠。

根据《财政部　国家税务总局关于个人取得有奖发票奖金征免个人所得税问题的通知》（财税〔2007〕34号），个人取得单张有奖发票奖金所得不超过800元（含800元）的，暂免征收个人所得税；个人取得单张有奖发票奖金所得超过800元的，应按照《个人所得税法》规定的偶然所得征收个人所得税。

3.9.1.2　得奖奖金

得奖奖金一般按照偶然所得，以全额适用20%的税率缴纳个人所得税。根据《个人所得税法》第四条第一款，省级人民政府、国务院部委和中国人民解放军军以上单位，以及外国组织、国际组织颁发的科学、教育、技术、文化、卫生、体育、环境保护等方面的奖金免征个人所得税。

根据上述规定，省部级或军级以上单位以及外国组织、国际组织颁发的奖金才准予免征个人所得税。为了鼓励广大人民群众见义勇为，维护社会治安，发给见义勇为者的奖金不受上述要求的限制。目前，仍继续执行的享受免税政策的奖金，包括以下14项：

（1）根据《国家税务总局关于曾宪梓教育基金会教师奖免征个人所得税的函》（国税函发〔1994〕376号）规定，对个人获得曾宪梓教育基金会教师奖的奖金，可视为国务院部委颁发的教育方面的奖金，免予征收个人所得税。

（2）根据《财政部　国家税务总局关于发给见义勇为者的奖金免征个人所得税问题的通知》（财税字〔1995〕25号）规定，对乡、镇（含乡、镇）

以上人民政府或经县（含县）以上人民政府主管部门批准成立的有机构、有章程的见义勇为基金会或者类似组织，奖励见义勇为者的奖金或奖品，经主管税务机关核准，免予征收个人所得税。

(3) 根据《财政部 国家税务总局关于国际青少年消除贫困奖免征个人所得税的通知》(财税字〔1997〕51号) 的规定，考虑到国际青少年消除贫困奖是由联合国开发计划署和中国青少年发展基金会共同设立的，旨在表彰奖励在与贫困作斗争中取得突出成绩的青少年，特对个人取得的国际青少年消除贫困奖，视同从国际组织取得的教育、文化方面的奖金，免予征收个人所得税。

(4) 根据《国家税务总局关于"长江学者奖励计划"有关个人收入免征个人所得税的通知》(国税函〔1998〕632号) 的规定，为了鼓励特聘教授积极履行岗位职责，带领本学科在其前沿领域赶超或保持国际先进水平，对特聘教授获得"长江学者成就奖"的奖金，可视为国务院部委颁发的教育方面的奖金，免予征收个人所得税。

(5) 根据《国家税务总局关于"特聘教授奖金"免征个人所得税的通知》(国税函〔1999〕525号) 的规定，教育部与香港实业家李嘉诚先生及其领导的长江基建（集团）有限公司合作建立的"长江学者奖励计划"实施高等教育特聘教授位制度，对教育部颁发的"特聘教授奖金"，免予征收个人所得税。

(6) 根据《国家税务总局关于"长江小小科学家"奖金免征个人所得税的通知》(国税函〔2000〕688号) 的规定，教育部和李嘉诚基金会主办、中国科协承办"长江小小科学家"活动，奖励全国（包括香港、澳门特别行政区）初中、高中、中等师范学校、中等专业学校、职业中学、技工学校的在校学生近年来完成的，申报参加全国评选和展示的获奖优秀科技创新和科学研究项目，对学生个人参与"长江小小科学家"活动并获得的奖金，免予征收个人所得税。

(7) 根据《国家税务总局关于个人取得"母亲河（波司登）奖"奖金所得免征个人所得税问题的批复》(国税函〔2003〕961号) 的规定，中国青年乡镇企业家协会是共青团中央直属的社会团体，其组织评选的"母亲河（波司登）奖"经共青团中央、全国人大环资委、国家环保总局等九部门联合批准设立的环境保护方面的奖项，该奖项可以认定为国务院部委颁发的环境保护方面的奖金。对个人取得的上述奖金收入，免予征收个人所得税。

(8)《国家税务总局关于陈嘉庚科学奖获奖个人取得的奖金收入免征个

人所得税的通知》（国税函〔2006〕561号）的规定，陈嘉庚基金会由中国科学院为业务主管部门，该基金会的主要职责是设立陈嘉庚科学奖，以奖励取得杰出科技果的我国优秀科学家，促进中国科学技术事业的发展。对陈嘉庚科学奖获奖者个人取得的奖金收入，免予征收个人所得税。

（9）根据《国家税务总局关于刘东生青年科学家奖和刘东生地球科学奖学金获奖者奖金免征个人所得税的通知》（国税函〔2010〕74号）的规定，对中国科学院严格按照刘东生地球科学基金章程及评奖办法评选出的"刘东生青年科学家奖""刘东生地球科学奖学金"的奖金收入，免予征收个人所得税。

（10）根据《国家税务总局关于全国职工职业技能大赛奖金免征个人所得税的通知》（国税函〔2010〕78号）的规定，严格按照规定评奖办法评选出的该奖项奖金收入，一律按照个人所得税法的有关规定，直接免予征收个人所得税。

（11）根据《国家税务总局关于中华宝钢环境优秀奖奖金免征个人所得税问题的通知》（国税函〔2010〕130号）规定，对中华环境保护基金会严格按照中华环境奖评奖办法评选出的上述奖项奖金收入，免予征收个人所得税。

（12）根据《国家税务总局关于2011年度李四光地质科学奖奖金免征个人所得税的公告》（国家税务总局公告2011年第68号）的规定，对国土资源部和李四光地质科学奖基金会严格按照李四光地质科学奖章程和评奖办法评选出的上述奖项奖金收入，一律按照个人所得税法的有关规定，免予征收个人所得税。

（13）根据《国家税务总局关于第五届黄汲清青年地质科学技术奖奖金免征个人所得税问题的公告》（国家税务总局公告2012年第4号）的规定，对国土资源部和黄汲清青年地质科学技术奖基金管理委员会严格按照黄汲清青年地质科学技术奖基金章程、奖励条例和评奖办法评选出的上述奖项奖金收入，一律按照个人所得税法的有关规定，免予征收个人所得税。

（14）根据《国家税务总局关于"明天小小科学家"奖金免征个人所得税问题的公告》（国家税务总局公告2012年第28号）的规定，对教育部、中国科学技术协会和香港周凯旋基金会依照"明天小小科学家"评奖办法评选出的"明天小小科学家"奖金收入，按照个人所得税法的有关规定，免予征收个人所得税。

3.9.2 个人为单位或他人提供担保获得报酬

个人为单位或他人提供担保获得报酬原本属于其他所得,此次改革后取消了其他所得,归入偶然所得。

偶然所得是全额计税,可是担保的收入虽然是确定事项,但支出是或有事项。比如,张大富为某皮包公司借款提供担保,皮包公司并未按期还款,那么债权人有权要求张大富代为偿还。按照现行政策,代偿支出是不允许从收入中进行抵扣的,因为代偿支出是可以向被担保人追偿的,但也有时会因无法追偿而造成损失。

3.9.3 企业向个人支付不竞争款项

不竞争款项是指资产购买方企业与资产出售方企业自然人股东之间在资产购买交易中,通过签订保密和不竞争协议等方式,约定资产出售方企业自然人股东在交易完成后一定期限内,承诺不从事有市场竞争的相关业务,并负有相关技术资料的保密义务,资产购买方企业则在约定期限内,按一定方式向资产出售方企业自然人股东所支付的款项。

鉴于资产购买方企业向个人支付的不竞争款项,属于个人因偶然因素取得的一次性所得,为此,资产出售方企业自然人股东取得的所得,应按偶然所得以20%税率计算缴纳个人所得税,税款由资产购买方企业在向资产出售方企业自然人股东支付不竞争款项时代扣代缴。

3.9.4 企业促销展业赠送礼品

企业在销售商品(产品)和提供服务过程中经常采用折扣折让、赠品、抽奖等营销手段,向个人赠送现金、消费券、物品、服务等礼品。对下列行为,不征收个人所得税。

(1) 企业通过价格折扣、折让方式向个人销售商品(产品)和提供服务,或者赠送具有价格折扣或折让性质的消费券、代金券、抵用券、优惠券等礼品。

(2) 企业在向个人销售商品(产品)和提供服务的同时给予赠品,比如,通信企业开展的个人购买手机赠话费、入网费,或者购话费赠手机等活动。

(3) 企业对累积消费达到一定额度的个人,按消费积分反馈礼品。

上述三种行为均是针对消费者的某种营销手段,第一种方式是通过直接的或者变相的价格折扣、折让方式以某种相对优惠的价格，使消费者可以购得商品和服务；第二种方式是在购买商品或服务时额外得到某种赠品；第三种方式是对长期消费客户给予某种物质奖励。

对于商家的上述三种行为，消费者看似额外获得了某种利益，其实都与其消费活动紧密相关，鉴于在消费过程中已经缴纳了相关税费，因此不宜再征收个人所得税。

对下列行为，要按照偶然所得全额，按照20%税率征收个人所得税：

（1）企业在业务宣传、广告等活动中，随机向本单位以外的个人赠送礼品（包括网络红包）。网络红包是企业发放的具有中奖性质的网络红包，获奖个人应缴纳个人所得税，但具有销售折扣或折让性质的网络红包，不征收个人所得税。亲戚朋友之间互相赠送的礼品（包括网络红包），不在个人所得税征税范围之内。

（2）企业在年会、座谈会、庆典以及其他活动中向本单位以外的个人赠送礼品，个人取得的礼品收入，按照偶然所得征收个人所得税。

上述两种营销行为，针对的并非直接消费者，要么是可能的潜在消费者，要么是非特定公关对象，并不是因为进行消费而获取相应礼品。这些额外所得自然应该缴纳个人所得税。

第4章

特殊所得纳税筹划

4.1 非上市公司股权转让所得筹划

自然人股东,也就是个人投资者转让在中国境内成立的企业或组织(不包括个人独资企业和合伙企业)的股权或股份,按照财产转让所得缴纳个人所得税。股份与股权犹如物与物权的关系,既有联系,又有所区别。股份代表在公司拥有的份额,而股权代表拥有相应份额所衍生出的相应权利,股票是股份公司发行的股权凭证并借以取得股息和红利的一种有价证券。

习惯上,有限责任公司一般称为转让股权,而股份有限公司一般称为转让股份,而在证券交易时,则说买卖股票。为了表述简单,税法中习惯性统称为"股权"。

4.1.1 股权转让方式

股权转让是指个人将股权转让给其他个人或法人的行为,包括以下方式:

(1)出售股权。

(2)公司回购股权。

(3)发行人首次公开发行新股时,被投资企业股东将其持有的股份以公开发行方式一并向投资者发售。

(4)股权被司法或行政机关强制过户。

(5)以股权对外投资或进行其他非货币性交易。

(6)以股权抵偿债务。

(7)其他股权转移行为。

4.1.2 股权转让收入的确认

股权转让收入是指转让方因股权转让而获得的现金、实物、有价证券和其他形式的经济利益。转让方取得与股权转让相关的各种款项,包括违约金、补偿金以及其他名目的款项、资产、权益等,均应当并入股权转让收入。纳税人按照合同约定,在满足约定条件后取得的后续收入,应当作为股权转让收入。转让的股权以人民币以外的货币结算的,按照结算当日人民币汇率中间价,折算成人民币计算应纳税所得额。

绝大多数股权转让收入是按照公平交易原则来确定,因此税务机关认可双方达成的股权协议，如果是出于逃避缴纳税款等目的而违背了公平交易原则，税务机关可以核定股权转让收入。

核定股权转让收入对于出现以下情形，主管税务机关可以依据职权核定股权转让收入。

（1）申报的股权转让收入明显偏低且无正当理由的。

（2）未按照规定期限办理纳税申报，经税务机关责令限期申报，逾期仍不申报的。

（3）转让方无法提供或拒不提供股权转让收入的有关资料。

（4）其他应核定股权转让收入的情形。

上述四种情形之中，最常见的情形是第一种。有以下情形视为股权转让收入明显偏低：

（1）申报的股权转让收入低于股权对应的净资产份额的。其中，被投资企业拥有土地使用权、房屋、房地产企业未销售房产、知识产权、探矿权、采矿权、股权等资产的，申报的股权转让收入低于股权对应的净资产公允价值份额的。

（2）无正当理由，申报的股权转让收入低于初始投资成本或低于取得该股权所支付的价款及相关税费的。

（3）申报的股权转让收入低于相同或类似条件下同一企业同一股东或其他股东股权转让收入的。

（4）申报的股权转让收入低于相同或类似条件下同类行业的企业股权转让收入的。

（5）不具合理性的无偿让渡股权或股份。

（6）主管税务机关认定的其他情形。

4.1.3　股权原值的确认

个人转让股权的原值，依照以下方法确认。

（1）以现金出资方式取得的股权，按照实际支付的价款与取得股权直接相关合理税费之和确认股权原值。

（2）以非货币性资产出资方式取得的股权，按照税务机关认可或核定的投资权股时非货币性资产价格与取得股权直接相关的合理税费之和确认股权原值。

（3）通过无偿让渡方式取得股权，即继承或将股权转让给其能提供具有法律效力身份关系证明的配偶、父母、子女、祖父母、外祖父母、孙子女、外孙子女、兄弟姐妹以及对转让人承担直接抚养或者赡养义务的抚养人或者赡养人，按照取得股权发生的合理税费与原持有人的股权原值之和确认股权原值。

（4）被投资企业以资本公积、盈余公积、未分配利润转增股本，个人股东已依法缴纳个人所得税的，以转增额和相关税费之和确认其新转增股本的股权原值。

（5）除以上情形外，由主管税务机关按照避免重复征收个人所得税的原则合理确认股权原值。

股权转让人已被主管税务机关核定股权转让收入并依法征收个人所得税的，该股权受让人的股权原值以取得股权时发生的合理税费与股权转让人被主管税务机关核定的股权转让收入之和确认。

个人转让股权未提供完整、准确的股权原值凭证，不能正确计算股权原值的，由主管税务机关核定其股权原值。

对个人多次取得同一被投资企业股权的，转让部分股权时，采用加权平均法，确定其股权原值。

个人转让股权以股权转让收入减除股权原值和合理费用后的余额为应纳税所得额，合理费用是指股权转让时按照规定支付的有关税费。

个人股权转让所得的个人所得税，以股权转让方为纳税人，以受让方为扣缴义务人。扣缴义务人应于股权转让相关协议签订后5个工作日内，将股权转让的有关情况报告主管税务机关。

被投资企业应当详细记录股东持有本企业股权的相关成本，如实向税务机关提供与股权转让有关的信息，协助税务机关依法执行公务。

4.1.4 税款计算及征管要求

个人转让股权，以股权转让收入减除股权原值和合理费用后的余额为应纳税所得额。合理费用是指股权转让时按照规定支付的有关税费。

个人股权转让所得的个人所得税，以股权转让方为纳税人，以受让方为扣缴义务人。扣缴义务人应于股权转让相关协议签订后5个工作日内，将股权转让的有关情况报告主管税务机关。

个人股权转让所得的个人所得税以被投资企业所在地税务机关为主管税务机关，遇到下列情形之一的，扣缴义务人或者纳税人应当依法在次月15日内向主管税务机关申报纳税：

（1）受让方已支付或部分支付股权转让价款。

（2）股权转让协议已签订生效。

（3）受让方已经实际履行股东职责或者享受股东权益。

（4）国家有关部门判决、登记或公告生效。

（5）股权被司法或行政机关强制过户、以股权对外投资或进行其他非货币性交易、以股权抵偿债务或其他股权转移行为已经完成。

（6）税务机关认定的其他有证据表明股权已发生转移的情形。

无论是否需要缴纳个人所得税，股权转让方必须要按照上述时限进行纳税申报，申报时必须填报"个人股东股权转让信息表"或"个人所得税股权转让明细表"。

4.2 上市公司、挂牌公司股票或其他权益性证券转让所得纳税筹划

4.2.1 上市公司限售股转让所得

为进一步完善股权分置改革后的相关制度，发挥税收对高收入者的调节作用，促进资本市场长期稳定健康发展，国家税务总局专门出台了《财政部　国家税务总局　证监会关于个人转让上市公司限售股所得征收个人所得税有关问题的通知》（财税〔2009〕167号），对个人转让上市公司限售流通股，即限售数，取得的所得征收个人所得税。限售股包括以下内容：

（1）上市公司股权分置改革完成后股票复牌日之前股东所持原非流通股股份，以及股票复牌日至解禁日期间由上述股份孳生的送、转股。

（2）2006年股权分置改革新老划断后，首次公开发行股票并上市的公司形成的限售股，以及上市首日至解禁日期间由上述股份派生的送、转股。

（3）财政部、税务总局、法制办和证监会共同确定的其他限售股。自2010年1月1日起，对个人转让限售股取得的所得，按照财产转让所得，适用20%的税率征收个人所得税。

个人转让限售股以每次限售股转让收入，减除股票原值和合理税费后的余额，为应纳税所得额，即

应纳税所得额 = 限售股转让收入 − 限售股原值 − 合理税费

应纳税额 = 应纳税所得额 × 20%

限售股转让收入是指转让限售股股票实际取得的收入。限售股原值是指

限售股买入时的买入价及按照规定缴纳的合理税费,具体是指转让限售股过程中产生的印花税、佣金、过户费等与交易相关的税费。

如果纳税人未能提供完整、真实的限售股原值凭证,不能准确计算限售股原值,主管税务机关一律按照限售股转让收入的15%核定限售股原值及合理税费。限售股转让所得以限售股持有者为纳税人,以个人股东开户的证券机构为扣缴义务人。限售股个人所得税由证券机构所在地主管税务机关负责征收管理。限售股转让所得需要缴纳的个人所得税税款,采取证券机构预扣预缴、纳税人自行申报清算和证券机构直接扣缴相结合的方式征收。证券机构预扣预缴的税款,于次月7日前以纳税保证金形式向主管税务机关缴纳。主管税务机关在收取纳税保证金时,应向证券机构开具"纳税保证金收据",并纳入专户存储。根据证券机构技术和制度准备完成情况,对不同阶段形成的限售股,采取不同的征收管理办法。

4.2.1.1 证券机构技术和制度准备完成前形成的限售股

证券机构按照股改限售股股改复牌日收盘价,或新股限售股上市首日收盘价计算转让收入,按照计算出的转让收入的15%确定限售股原值和合理税费,以转让收入减去原值和合理税费后的余额,适用20%的税率,计算预扣预缴个人所得税额。纳税人按照实际转让收入与实际成本计算出的应纳税额,与证券机构预扣预缴税额有差异的,纳税人应自证券机构代扣并解缴税款的次月1日起3个月内,持加盖证券机构印章的交易记录和相关完整、真实凭证,向主管税务机关提出清算申报并办理清算事宜。主管税务机关审核确认后,按照重新计算的应纳税额,办理退(补)税手续。纳税人在规定期限内未到主管税务机关办理清算事宜的,税务机关不再办理清算事宜,已预扣预缴的税款从纳税保证金账户全额缴入国库。

4.2.1.2 证券机构技术和制度准备完成后新上市公司的限售股

自2012年3月1日起,网上发行资金申购日在2012年3月1日(含)之后的首次公开发行上市公司,按照证券登记结算公司业务规定做好各项资料准备工作,在向证券登记结算公司申请办理股份初始登记时一并申报由个人限售股股东提供的有关限售股成本原值详细资料,以及会计师事务所或税务师事务所对该资料出具的鉴证报告。限售股成本原值是指限售股买入时的买入价及按照规定缴纳的有关税费。

每位持有限售股的个人股东应仅申报一个成本原值。个人取得的限售股

如果有不同成本，应对所持限售股以每次取得股份数量为权重进行成本加权平均，以计算出每股的成本原值，即

分次取得限售股的加权平均成本 ＝（第 1 次取得限售股的每股成本原值 ×
第 1 次取得限售股的股份数量 ＋ … ＋
第 N 次取得限售股的每股成本原值 ×
第 N 次取得限售股的股份数量）÷
累计取得限售股的股份数量

证券登记结算公司收到上述相关资料后，应及时将有关成本原值数据植入证券结算系统。个人转让新上市公司限售股，证券登记结算公司应根据实际转让收入和植入证券结算系统的标的限售股成本原值，以实际转让收入减去成本原值和合理税费后的余额，适用 20% 税率，直接计算缴纳个人所得税额。

纳税人同时持有限售股及该股流通股，其股票转让所得，按照限售股优先原则，即转让股票视同为先转让限售股，按规定计算缴纳个人所得税。后来，财政部、国家税务总局、证监会又联合下发了《关于个人转让上市公司限售股所得征收个人所得税有关问题的补充通知》（财税〔2010〕70 号）。该文件在财税〔2009〕167 号文的基础上，又增加了以下七类限售股情形：

（1）财税〔2009〕167 号文件规定的限售股。

（2）个人从机构或其他个人受让的未解禁限售股。

（3）个人因依法继承或家庭财产依法分割取得的限售股。

（4）个人持有的从代办股份转让系统转到主板市场（或中小板、创业板市场）的限售股。

（5）上市公司吸收合并中，个人持有的原被合并方公司限售股所转换的合并方公司股份。

（6）上市公司分立中，个人持有的被分立方公司限售股所转换的分立后公司股份。

（7）其他限售股。

个人转让限售股或发生具有转让限售股实质的其他交易，取得现金、实物、有价证券和其他形式的经济利益均应缴纳税款。限售股在解禁前被多次转让的，转让方对每一次转让所得均应按照规定缴纳个人所得税。对具有下列情形的，也应按照规定征收个人所得税：

（1）个人通过证券交易所集中交易系统或大宗交易系统转让限售股。

（2）个人用限售股认购或申购交易型开放式指数基金份额。

(3) 个人用限售股接受要约收购。

(4) 个人行使现金选择权，将限售股转让给提供现金选择权的第三方。

(5) 个人协议转让限售股。

(6) 个人持有的限售股被司法扣划。

(7) 个人因依法继承或家庭财产分割让渡限售股所有权。

(8) 个人用限售股偿还上市公司股权分置改革中由大股东代其向流通股股东支付的对价。

(9) 其他具有转让实质的情形。

个人发生上述前四项情形并由证券机构扣缴税款，纳税人申报清算时，实际转让收入按照下列原则计算：

(1) 个人通过证券交易所集中交易系统或大宗交易系统转让限售股的转让收入以转让当日该股份实际转让价格计算。证券公司在扣缴税款时，佣金支出统一按照证券主管部门规定的行业最高佣金费率计算。

(2) 个人用限售股认购或申购交易型开放式指数基金份额的转让收入，通过认购交易型开放式指数基金份额方式转让限售股的，以股份过户日的前一交易日该股份收盘价计算，通过申购交易型开放式指数基金份额方式转让限售股的，以申购日的前一交易日该股份收盘价计算。

(3) 个人用限售股接受要约收购的转让收入，以要约收购的价格计算。

(4) 个人行使现金选择权将限售股转让给提供现金选择权的第三方的转让收入，以实际行权价格计算。

个人发生上述第五至八种情形，需向主管税务机关申报纳税，转让收入按照下列原则计算：

(1) 个人协议转让限售股的转让收入按照实际转让收入计算，转让价格明显偏低且无正当理由的，主管税务机关可以依据协议签订日的前一交易日该股收盘价或其他合理方式核定其转让收入。

(2) 个人持有的限售股被司法扣划的转让收入以司法执行日的前一交易日该股收盘价计算。

(3) 个人因依法继承或家庭财产分割让渡限售股所有权、个人用限售股偿还上市公司股权分置改革中由大股东代其向流通股股东支付的对价的转让收入以转让方取得该股时支付的成本计算。

个人转让因协议受让、司法扣划等情形取得未解禁限售股的，成本按照主管税务机关认可的协议受让价格、司法扣划价格核定，无法提供相关资料的，按照计算出的转让收入的15%确定限售股原值和合理税费，以转让收入减去原值和合理税费后的余额,适用20%税率,计算预扣预缴个人所得税额。

个人转让因依法继承或家庭财产依法分割取得的限售股的成本,按照该限售股前一持有人取得该股时实际成本及税费计算。

在证券机构技术和制度准备完成后形成的限售股,自股票上市首日至解禁日期间发生送、转、缩股的,证券登记结算公司应依据送、转、缩股比例对限售股成本原值进行调整;而对于其他权益分派的情形(如现金分红、配股等),不对限售股的成本原值进行调整。

因个人持有限售股中存在部分限售股成本原值不明确,导致无法准确计算全部限售股成本原值的,证券登记结算公司一律以实际转让收入的15%作为限售股成本原值和合理税费。限售股在解禁前被多次转让的,转让方对每一次转让所得均应按规定缴纳个人所得税,个人通过证券交易所集中交易系统或大宗交易系统转让限售股、个人用限售股认购或申购交易型开放式指数基金份额等方式均属于纳税的范围。

4.2.2 上市公司流通股转让所得

为了配合企业改制,促进股票市场的稳健发展,从1997年1月1日起,对个人转让上市公司股票取得的所得,继续暂免征收个人所得税。

对内地个人投资者通过沪港通、深港通投资香港联交所上市股票取得的转让差价所得和通过基金互认买卖香港基金份额取得的转让差价所得,自2019年12月5日起至2022年12月31日止,继续暂免征收个人所得税。2022年后,除此之外,个人转让其他境外上市公司股票按照财产转让所得,适用20%的税率,缴纳个人所得税。

4.2.3 转让全国中小企业股份转让系统挂牌公司股票

从2018年11月1日(含)开始,对个人转让新三板挂牌公司非原始股取得的所得,暂免征收个人所得税。非原始股是指个人在新三板挂牌公司挂牌后取得的股票以及由上述股票孳生的送、转股。对个人转让新三板挂牌公司原始股取得的所得,按照财产转让所得,适用20%的税率,征收个人所得税。原始股是指个人在新三板挂牌公司挂牌前取得的股票,以及在该公司挂牌前和挂牌后由上述股票孳生的送、转股。中国证券登记结算公司在登记结算系统内明确区分新三板原始股和非原始股,从而适用不同税款征收办法。2019年9月1日之前,个人转让新三板挂牌公司原始股的个人所得税,以股票受让方为扣缴义务人，由被投资企业所在地税务机关负责征收管理。自2019年9月1日（含）起，个人转让新三板挂牌公司原始股的个人所得税，以股票托管的证券机构为扣缴义务人，由股票托管的证券机构所在地主管税务机关负责征收管理。

4.2.4　转让创新企业境内发行存托凭证所得

自试点开始之日起，个人投资者转让创新企业CDR取得的差价所得，3年（36个月）内暂免征收个人所得税。

4.2.5　境内转让技术成果投资入股取得的股票（权）

纳税人将技术成果所有权让渡给被投资企业，取得该企业股票（权）的行为为技术成果投资入股。技术成果是指专利技术（含国防专利）、计算机软件著作权、集成电路布图设计专有权、植物新品种权、生物医药新品种以及科技部、财政部、国家税务总局确定的其他技术成果。个人以技术成果投资入股境内居民企业，被投资企业支付的对价全部为股票（权），这时技术成果的所有权完成了转移，应该按照财产转让所得征税。同时，为了鼓励技术创新，个人可选择继续按现行税收政策执行，也可选择适用递延纳税优惠政策。不论个人选择适用哪一项政策，均允许被投资企业按技术成果投资入股时的评估值入账并在企业所得税前摊销扣除。

选择技术成果投资入股递延纳税政策，经向主管税务机关备案，投资入股当期可暂不纳税，允许递延至转让股权时，按股权转让收入减去技术成果原值和合理税费后的差额，计算缴纳所得税。个人转让股权时，视同享受递延纳税优惠政策的股权优先转让。递延纳税的股权成本按照加权平均法计算，不与其他方式取得的股权成本合并计算。持有递延纳税的股权期间，因该股权产生的转增股本收入以及以该递延纳税的股权再进行非货币性资产投资的，应在当期缴纳税款。取得技术成果的企业为个人所得税扣缴义务人。递延纳税期间，扣缴义务人应在每个纳税年度终了后向主管税务机关报告递延纳税有关情况，而工商登记部门已经与税务部门建立股权变动信息共享机制，成为支持递延纳税机制的有力信息支撑。

4.3 股权激励所得纳税筹划

4.3.1 上市公司员工股票期权纳税筹划

4.3.1.1 上市公司的界定

本节的适用范围为上市公司（含所属分支机构）和上市公司控股企业的员工，其中上市公司占控股企业股份比例最低为30%。

案例：上市甲公司持有非上市乙公司52%的股份，乙公司持有非上市丙公司32%的股份，丙公司持有非上市丁公司36%的股份。哪家公司员工可以适用上市公司股权激励的相关税收政策？

解析：甲公司为上市公司，该公司员工自然可以享受相关税收政策。乙公司为甲公司一级子公司，持股比例超过30%，乙公司员工也可以享受相关税收政策。丙公司为上市公司甲公司的间接持股公司，甲公司对乙公司的持股比例超过50%，根据规定可以按照100%计算，因此甲公司对丙公司的间接持股比例为100%×32%＝32%，超过30%，丙公司员工也可以享受相关税收政策。丁公司为上市公司甲公司的间接持股三级子公司。原本规定间接控股限于上市公司的二级子公司，不过《国家税务总局关于个人所得税有关问题的公告》（国家税务总局公告2011年第27号）取消了相关限制，但持股比例必须不得低于30%。乙公司对丙公司的持股比例未超过50%，只得据实计算，因此甲公司对丁公司的间接持股比例为100%×32%×36%＝11.52%，未达到最低持股要求，丁公司员工不得享受相关税收政策。

注意：除了上述不符合要求的上市公司直接或者间接持股的子公司的员工，上市公司的法人股东的员工也不在适用范围之内。公司上市之前设立股权激励计划，待公司上市后取得的股权激励所得以及上市公司未按照《国家税务总局关于股权激励有关个人所得税问题的通知》第六条规定向其主管税务机关报备有关资料，也不得适用相关政策。

4.3.1.2 股票期权所得的性质确认

员工股票期权是指上市公司按照规定的程序授予本公司及其控股企业员工的权利，允许被授权员工在未来时间内以某一特定价格购买本公司一定数量的股票。股票期权是上市公司给予企业高级管理人员和技术骨干在一定期限内以一种事先约定的价格购买公司普通股的权利,是一种不同于职工股的崭新激励机制,"某一特定价格",也称为"授予价"或"施权价",即根据股票期权计划可以购买股票的价格,一般为股票期权授予日的市场价格或该价格的折扣价格,也可以按照事先设定的计算方法约定的价格。

"授予日",也称为"授权日",是指公司授予员工上述权利的日期。"行权",也称为"执行",是指员工根据股票期权计划选择购买股票的过程;员工行使上述权利的当日为"行权日",也称为"购买日"。员工股票期权是一种常见的股权激励方式,激励对象可以包括上市公司的董事、监事、高级管理人员、核心技术(业务)人员,以及公司认为应当激励的其他员工,但不应当包括独立董事。按照规定,下列人员不得成为激励对象:

(1)最近3年内被证券交易所公开谴责或宣布为不适当人选的人员。

(2)最近3年内因重大违法违规行为被中国证监会予以行政处罚的人员。

(3)具有《中华人民共和国公司法》规定的不得担任公司董事、监事、高级管理的人员。

股权激励计划经董事会审议通过后,上市公司监事会应当对激励对象名单予以核实,并将核实情况在股东大会上予以说明。被激励的员工在未来时间内以某一特定价格所购买的本公司股票,可以是向激励对象发行的股份,也可以回购本公司股份,也可以采取法律、行政法规允许的其他方式。上市公司全部有效的股权激励计划所涉及的标的股票总数累计不得超过公司股本总额的10%。

4.3.1.3 股票期权所得的税款计算

员工接受实施股票期权计划企业授予的股票期权时,除另有规定外,一般不作为应税所得征税,因为这只是一种权利而并非是实际利益。员工行权时,其从企业取得股票的实际购买价(施权价)低于购买日公平市场价(该股票当日的收盘价)的差额,是因员工在企业的表现和业绩情况而取得的与任职、受雇有关的所得,应按工资、薪金所得适用的规定,计算缴纳个人所得税。

因特殊情况,员工在行权日之前将股票期权转让,以股票期权的转让净收入,按照工资、薪金所得征收个人所得税。如果员工是免费取得的,转让净收入就有效地把个人与企业利益很好地结合起来,是股票期权转让收入;如果员工以折价购入方式取得股票期权,可将股票期权转让收入扣除折价购入股票期权时实际支付的价款后的余额作为股票期权的转让净收入。部分股票期权不用等到股票行权日，在授权时即约定可以转让，且在境内或境外存在公开市场及挂牌价格。员工取得该股票可公开交易的期权后，属于员工已实际取得有确定价值的财产，应按授权日股票期权的市场价格作为员工授权日所在月份的工资薪金所得，计算缴纳个人所得税。如果员工以折价购入方式取得股票期权的，可将授权日股票期权的市场价格扣除折价购入股票期权时实际支付的价款后的余额作为授权日所在月份的工资薪金所得。转让该股票期权而取得的所得属于财产转让所得，个人将境内股票期权转让而取得的所得暂不征收个人所得税；个人转让境外股票期权而取得的所得，应按税法的规定，计算应纳税所得额和应纳税额，依法缴纳税款。

对于不存在公开市场和挂牌价格的股票期权，员工等到行权日按照约定价格购买股票，应认定为所在期间的工资薪金所得，按以下公式计算工资薪金应纳税所得额：

股票期权形式的工资薪金应纳税所得额 =（行权股票的每股市场价 − 员工取得该股票期权支付的每股施权价）× 股票数量

员工取得该股票期权支付的每股施权价，一般是指员工行使股票期权购买股票实际支付的每股价格。如果员工以折价购入方式取得股票期权，可包括员工折价购入股票期权时实际支付的价格。

员工将行权后的股票再转让时获得的高于购买日公平市场价的差额，是因个人在证券二级市场上转让股票等有价证券而获得的所得，应按照财产转让所得适用的征免规定，计算缴纳个人所得税。个人将行权后的境内上市公司股票转让而取得的所得，暂不征收个人所得税；个人转让境外上市公司的股票而取得的所得，应按税法的规定，计算应纳税所得额和应纳税额，依法缴纳税款。

凡取得股票期权的员工在行权日不实际买卖股票，而按行权日股票期权所指定股票的市场价与施权价之间的差额，直接从授权企业取得价差收益，该项价差收益应作为员工取得的股票期权形式的工资、薪金所得，计算缴纳个人所得税。员工因拥有股权而参与企业税后利润分配取得的所得，应按照利息、股息、红利所得，全额按规定税率计算纳税。

案例：员工孙大于2020年1月取得某上市公司授予的股票期权18950股，授予日股票价格为23元/股，施权价为21元/股，该股票期权自2021年2月起可行权。2021年2月28日，孙大行权11325股，行权当天股票市价为

28.5元/股；2021年12月31日，再次行使股票期权7625股，施权价为21元/股，行权当日股票市价为31.8元/股。那么，孙先生两次行权共应缴纳多少元的个人所得税？

解析：员工接受实施股票期权计划企业授予的股票期权时，除在境内或境外存在公开市场及挂牌价格外，一般不作为应税所得征税。

2020年1月，孙大的施权价为21元/股，授予日股票价格为23元/股，因此每股可以赚取2元的差价，但此时不用缴纳个人所得税，一方面是因为并未实际行权，税收征管难度大；另一方面是股市瞬息万变，股价经常是大起大落，而此时孙大的所得并非实际所得，而是预期所得。2021年2月，孙大行权时，其从企业取得股票的实际购买价（施权价）低于购买日公平市场价，也就是该股票当日的收盘价，这中间的差额是因员工在企业的表现和业绩情况而取得的，与任职、受雇有关的所得，应按工资、薪金所得适用的税率计算缴纳个人所得税。

自2019年1月1日起，居民个人取得股票期权等股权激励，在2021年12月31日前，不并入当年综合所得，全额单独适用"个人所得税税率表"（综合所得适用），计算应缴纳的税款。

2021年2月28日，孙大第一次行权时，应纳税所得额 = (28.5 - 21) × 11325 = 84937.5（元）。对照"个人所得税税率表"（综合所得适用），适用税率为10%，速算扣除数为2520元。

应纳个人所得税额 = 84937.5 × 10% - 2520 = 5973.75（元）。

根据规定，在2019年1月1日至2021年12月31日，居民个人在一个纳税年度内取得两次以上（含两次）股权激励，应将各次的所得合并后，不并入当年综合所得，全额单独适用"个人所得税税率表"（综合所得适用），计算纳税。

2021年12月31日，孙大第二次行使股票期权时，与第一次行权均在同一年纳税年度，计算缴纳个人所得税。除依照有关规定，可以两次股权激励所得应合并计税。

第二次股权激励工资薪金应纳税所得额 = (31.8 - 21) × 7625 = 82350（元），两次股权激励所得额相加，即82350 + 84937.5 = 167287.5（元），对照"个人所得税税率表"（综合所得适用），适用税率为20%，速算扣除数为16920元。第二次股权激励应纳税额 = 167287.5 × 20% - 16920 - 5973.75 = 10563.75（元）。

4.3.1.4 股票期权所得的征收管理

实施股票期权计划的境内企业为个人所得税的扣缴义务人,应按税法规定履行代扣代缴个人所得税的义务。员工从两处或两处以上取得股票期权形式的工资、薪金所得或者没有扣缴义务人,该个人应在纳税申报期限内,自行申报缴纳税款。实施股票期权计划的境内企业,应在股票期权计划实施之前,将企业的股票期权计划或实施方案、股票期权协议书、授权通知书等资料报送主管税务机关;应在员工行权之前,将股票期权行权通知书和行权调整通知书等资料报送主管税务机关。扣缴义务人和自行申报纳税的个人在申报纳税或代扣代缴税款时,应在税法规定的纳税申报期限内,将个人接受或转让的股票期权以及认购的股票情况(包括种类、数量、施权价格、行权价格、市场价格、转让价格等)报送主管税务机关。

实施股票期权计划的企业和因股票期权计划而取得应税所得的自行申报员工,未按规定报送上述有关报表和资料,未履行申报纳税义务或者扣缴税款义务的,按有关规定进行处理。

按照规定,为了缓解缴税压力,上市公司授予个人的股票期权,经向主管税务机关备案,个人可自股票期权行权起,在不超过 12 个月的期限内,缴纳个人所得税。

4.3.2 上市公司股票增值权所得税收筹划

股票增值权是上市公司授予公司员工在未来一定时期和约定条件下,获得规定数量的股票价格上升所带来收益的权利。被授权人在约定条件下行权,上市公司按照行权日与授权日二级市场股票差价乘以授权股票数量,发放给被授权人现金。

案例:2019 年 1 月 5 日,某上市公司策划部王总监被授予该公司股票增值权 20000 股,当日该公司股票收盘价为 12 元/股。双方约定股票增值期为 2 年。2021 年 1 月 5 日,该公司股票收盘价为 20 元/股。王总监应获得的股票增值权收入为(20-12)×20000=160000(元)。

股票增值权与股权奖励类似之处是无偿给予被激励者,所不同的是股票增值权使得被激励者享受一定时间内的公司股票增值,一般对其发放现金,而股权奖励是对业绩突出员工奖励一定数量的股份。

实施股票增值权计划的境内上市公司应在向中国证监会报备的同时,将企业股票增值权计划或实施方案等有关资料报送主管税务机关备案。实施股票增值权计划的境内上市公司，应在做好个人所得税扣缴工作的同时，向主管税务机关报送其员工行权等涉税信息。股票增值权所得比照股票期权所得，计算征收个人所得税。

4.3.3 上市公司限制性股票所得税收筹划

限制性股票是上市公司按照股权激励计划约定的条件，授予公司员工一定数量本公司的股票。注意，限制性股票是一种股权激励方式，与限售股并非同一概念。

股票期权强调的是在未来某个时间点可以以约定的价格购买股票，而限制性股票强调的是被激励对象业绩目标、股价、任职时间等符合股权激励计划规定条件时，才会被授予限制性股票并从中获益。目前限制性股票主要有两类，分别为计提奖励基金回购型和授予新股型（定向发行）。

计提奖励基金回购型限制性股票是指上市公司业绩达到股权激励计划约定的奖励基金提取条件后，公司提取奖励基金，从二级市场购买本公司股票，再等到符合股票授予的条件时（如业绩或股价），公司将回购的股票无偿赠予被激励对象。授予新股型限制性股票是指当上市公司业绩满足股权激励计划条件时，被激励对象按照授予价格购买公司股票，该价格一般比确定价格的市价要低。

实施限制性股票计划的境内上市公司，应在向中国证监会报备的同时，将限制性股票计划或实施方案等有关资料报送主管税务机关备案。实施限制性股票计划的境内上市公司，应在做好个人所得税扣缴工作的同时，向主管税务机关报送其员工行权等涉税信息。

限制性股票所得比照股票期权所得，计算征收个人所得税。按照规定，为了缓解缴税压力，上市公司授予个人的限制性股票，经向主管税务机关备案，个人可自限制性股票解禁起，在不超过 12 个月的期限内缴纳个人所得税。

案例：华康公司为上交所上市公司，2020 年 4 月 8 日经股东大会通过一项限制性股票激励计划，决定按每股 5 元的价格授予公司总经理王大发 20000 股限制性股票，王经理支付价款 100000 元。2020 年 8 月 12 日，中国证券登记结算公司将这 20000 股股票登记在王某的股票账户下。当日，该公司股票收盘价为 15 元/股。根据计划规定，自授予日起至 2020 年 12 月 31 日为禁售期。2021 年 2 月 15 日，经考核，符合解禁条件，公司对其中的 10000

股股票实行解禁。当日,公司股票市价为25元/股。计算应纳税额?

解析:限制性股票个人所得税的纳税义务发生时间为每一批次限制性股票解禁日期,因此王大发的纳税义务发生时间为2021年2月15日。需要注意的是,限制性股票的价格并非解禁当日市价,而是股票登记日股票市价和本批次解禁股票当日市价的加权平均值。

限制性股票应纳税所得额 =(股票登记日股票市价 + 本批次解禁股票当日市价)÷ 2 × 本批次解禁股票份数 – 被激励对象实际支付的资金总额 ×(本批次解禁股票份数 ÷ 被激励对象获取的限制性股票总份数)

上述所得暂时不并入当年综合所得,全额单独适用"个人所得税税率表"(综合所得适用)。

应纳税所得额 =(15 + 25)÷ 2 × 10000 – 100000 ×(10000 ÷ 20000)= 150000(元)。应纳税额 = 150000 × 20% – 16920 = 13080(元)。

4.3.4　上市公司股权奖励所得税收筹划

上市公司股权奖励是指企业无偿授予被激励对象一定数量的股份。股权奖励所得比照股票期权所得计算征收个人所得税。

按照规定,为了缓解纳税人缴税压力,上市公司授予个人的股票期权、限制性股票和股权奖励,经向主管税务机关备案,个人可自股票期权行权、限制性股票解禁或取得股权奖励之日起,在不超过12个月的期限内,缴纳个人所得税。

4.3.5　非上市公司股权激励递延纳税政策

(1)股权激励措施种类。

非上市公司(含全国中小企业股份转让系统挂牌公司)往往也会设立股权激励措施,主要包括以下三类:

A. 股票期权或股权期权。非上市公司给予被激励对象在一定期限内以事先约定的价格购买本公司股票或股权的权利。

B. 限制性股票。非上市公司按照预先确定的条件授予被激励对象一定数量的本公司股权,被激励对象只有工作年限或业绩目标符合股权激励计划规定条件时,才可以处置该股权。

C. 股权奖励。非上市公司无偿授予被激励对象一定份额的股权或一定数量的股份。

上述三种股权激励方式，也是上市公司经常采用的方式。

（2）享受递延纳税政策的条件。

由于非上市公司的股票不能像上市公司在二级市场上自由买卖，因此非上市公司授予本公司员工的股权激励项目相对并不容易变现，故非上市公司员工获得股权激励后可享受递延纳税政策，但必须同时满足以下条件：

A. 属于境内居民企业的股权激励计划。

B. 股权激励计划经公司董事会、股东（大）会审议通过。未设股东（大）会的国有单位，经上级主管部门审核批准。股权激励计划应列明激励目的、对象、标的、有效期、各类价格的确定方法、被激励对象获取权益的条件、程序等。

C. 激励标的应为境内居民企业的本公司股票（权）。股权奖励的标的可以是技术成果投资入股到其他境内居民企业所取得的股权。激励标的股票（权）包括通过增发、大股东直接让渡以及法律法规允许的其他合理方式授予被激励对象的股票（权）。

D. 被激励对象应为公司董事会或股东（大）会决定的技术骨干和高级管理人员，被激励对象人数累计不得超过本公司最近6个月在职职工平均人数的30%。

E. 股票（权）期权自授予日起应持有满3年，且自行权日起持有满1年；限制性股票自授予日起应持有满3年，且解禁后持有满1年；股权奖励自获得奖励之日起应持有满3年。上述时间条件须在股权激励计划中列明。

F. 股票（权）期权自授予日至行权日的时间不得超过10年。

G. 实施股权奖励的公司及其奖励股权标的公司所属行业，均不属于《股权奖励税收优惠政策限制性行业目录》范围。公司所属行业，按公司上一纳税年度主营业务收入占比最高的行业确定。

（3）递延纳税政策内容。

员工在取得股权激励时可暂不纳税，递延至转让该股权时纳税；股权转让时，按照股权转让收入减除股权取得成本以及合理税费后的差额，适用财产转让所得，按照20%的税率，缴纳个人所得税。转让时，股票（权）期权取得成本按行权价确定，限制性股票取得成本按实际出资额确定，股权奖励取得成本为零。

凡不符合递延纳税条件，个人应在获得相应股票（权）时，对实际出资额低于公平市场价格的差额，按照工资、薪金所得，缴纳个人所得税。个人因股权激励、技术成果投资入股取得股权后，非上市公司在境内上市，处置递延纳税的股权时，按照现行限售股有关征税规定执行。

个人转让股权时，视同享受递延纳税优惠政策的股权优先转让。递延纳税的股权成本按照加权平均法计算，不与其他方式取得的股权成本合并计算。

持有递延纳税的股权期间，因该股权产生的转增股本收入以及以该递延纳税的股权再进行非货币性资产投资，应在当期缴纳税款，不得再按照《财政部国家税务总局关于将国家自主创新示范区有关税收试点政策推广到全国范围实施的通知》（财税〔2015〕116号）和《财政部国家税务总局关于个人非货币性资产投资有关个人所得税政策的通知》（财税〔2015〕41号）的有关规定享受分期缴纳的政策，也就是说，递延税收政策不得重复享受。

4.3.6　高新技术企业技术与管理人员股权奖励所得税收筹划

经高新技术企业公司董事会和股东大会决议，批准获得股权奖励的以下两类人员，可以获得税款延期缴纳的资格：

（1）对企业科技成果研发和产业化做出突出贡献的技术人员，包括企业内关键职务科技成果的主要完成人、重大开发项目的负责人、对主导产品或者核心技术、工艺流程作出重大创新或者改进的主要技术人员。

（2）对企业发展做出突出贡献的经营管理人员，包括主持企业全面生产经营工作的高级管理人员，负责企业主要产品（服务）生产经营合计占主营业务收入（或者主营业务利润）50%以上的中级、高级经营管理人员。

企业面向全体员工实施的股权奖励，不包括在内，不享受延期缴纳的待遇。高新技术企业转化科技成果，给予本企业上述人员的股权奖励，个人获得股权奖励时，按照工资、薪金所得，参照个人股票期权所得的有关规定缴纳个人所得税。

股权奖励的计税价格参照获得股权时的公平市场价格确定，上市公司股票的公平市场价格，按照取得股票当日的收盘价确定。取得股票当日为非交易时间的，按照上一个交易日收盘价确定。非上市公司股权的公平市场价格，依次按照净资产法、类比法和其他合理方法确定。

之前计算股权奖励应纳税额时，规定月份数按员工在企业的实际工作月份数确定。员工在企业工作超过12个月，按12个月计算。改革后综合所得按年征收，股权奖励按照年度单独计税缴纳，年度内获得其他股权激励的应合并计算。个人一次缴纳税款有困难的,可根据实际情况自行制订分期缴税计划,在不超过5个公历年度内(含5年)分期缴纳。获得股权奖励的企业技术人员需要分期缴纳个人所得税的,应自行制订分期缴税计划。由企业在发生股权奖励、转增股本的次月15日内,向主管税务机关办理分期缴税备案手续。

办理股权奖励分期缴税,企业应向主管税务机关报送高新技术企业认定证书、股东大会或董事会决议、"个人所得税分期缴纳备案表(股权奖励)"、相关技术人员参与技术活动的说明材料、企业股权奖励计划、能够证明股权或股票价格的有关材料、企业转化科技成果的说明、最近一期企业财务报表等。纳税人分期缴税期间需要变更原分期缴税计划的,应重新制订分期缴税计划,由企业向主管税务机关重新报送"个人所得税分期缴纳备案表"。

企业在填写"扣缴个人所得税报告表"时,应将纳税人取得股权奖励或转增股本情况单独填列,并在"备注"栏中注明"股权奖励"字样。

纳税人在分期缴税期间取得分红或转让股权的,企业应及时代扣股权奖励或转增股本尚未缴清的个人所得税,并于次月15日内向主管税务机关申报纳税。技术人员在转让奖励的股权之前企业依法宣告破产,技术人员进行相关权益处置后没有取得收益或资产,或取得的收益和资产不足以缴纳其取得股权尚未缴纳的应纳税款的部分,税务机关可不予追征。

4.4　创业投资税收优惠政策

创业投资是促进大众创业、万众创新的重要资本力量,是促进科技创新成果转化的助推器,为促进创业投资做大、做强、做优,明确了对投资种子期、初创期科技型企业或未上市的中小高新技术企业的投资额抵扣的税收优惠政策。

4.4.1　投资未上市的中小高新技术企业的投资额抵扣政策

4.4.1.1　时间要求

(1)有限合伙制创业投资企业法人合伙人间接投资符合条件的未上市中小高新技术企业的时间要求。

根据《国家税务总局关于有限合伙制创业投资企业法人合伙人企业所得

税有关问题的公告》（国家税务总局公告2015年第81号）的规定："有限合伙制创业投资企业采取股权投资方式投资于未上市的中小高新技术企业满2年（24个月，下同）的，其法人合伙人可按照对未上市中小高新技术企业投资额的70%抵扣该法人合伙人从该有限合伙制创业投资企业分得的应纳税所得额，当年不足抵扣的，可以在以后纳税年度结转抵扣。所称满2年是指从2015年10月1日起，有限合伙制创业投资企业投资于未上市中小高新技术企业的实缴投资满2年，同时，法人合伙人对该有限合伙制创业投资企业的实缴出资也应满2年。"

根据上述政策，法人合伙人间接投资未上市的中小高新技术企业需要满足两个时间条件，也就是有限合伙制创业投资企业直接投资未上市的中小高新技术企业满2年，同时法人合伙人对该有限合伙制创业投资企业的实缴出资也应满2年。

（2）创业投资企业直接投资符合条件的未上市中小高新技术企业的时间要求。

根据《国家税务总局关于实施创业投资企业所得税优惠问题的通知》（国税发〔2009〕87号）的规定，创业投资企业采取股权投资方式投资于未上市的中小高新技术企业2年（24个月）以上，凡符合相关条件，可以按照其对中小高新技术企业投资额的70%，在股权持有满2年的当年抵扣该创业投资企业的应纳税所得额；当年不足抵扣的，可以在以后纳税年度结转抵扣。

上述"创业投资企业"是否包括有限合伙制创业投资企业呢？上述文件第一条规定："创业投资企业是指依照《创业投资企业管理暂行办法》（国家发展和改革委员会等10部委令2005年第39号）和《外商投资创业投资企业管理规定》（商务部等5部委令2003年第2号）在中华人民共和国境内设立的专门从事创业投资活动的企业或其他经济组织。"

《创业投资企业管理暂行办法》第六条规定："创业投资企业可以以有限责任公司、股份有限公司或法律规定的其他企业组织形式设立。"有限合伙制创业投资企业属于其他企业组织形式，似乎可以享受投资额抵扣政策，但《国家税务总局关于实施创业投资企业所得税优惠问题的通知》（国税发〔2009〕87号）第二条第一项规定，创业投资企业经营范围符合《创业投资企业管理暂行办法》规定，且工商登记为"创业投资有限责任公司""创业投资股份有限公司"等专业性法人创业投资企业。有限合伙制创业投资企业显然不属于法人组织，因此，不得享受投资额抵扣的税收优惠政策。

4.4.1.2 资格条件

中小高新技术企业认定条件见表 4－1。

表 4－1　中小高新技术企业认定条件

中小高新技术企业 需要符合的条件	投资者需要 符合的条件	投资方式需 要符合的条件
①应按照《财政部　国家税务总局　科学技术部关于修订印发〈高新技术企业认定管理办法〉的通知》（国科发火〔2016〕32 号）和《科技部　财政部　国家税务总局关于修订印发〈高新技术企业认定管理工作指引〉的通知》（国科发火〔2016〕195 号）的规定，通过高新技术企业认定。②职工不超过 500 人，年销售（营业）额不超过 2 亿元，资产总额不超过 2 亿元。③中小企业接受创业投资之后，经认定符合高新技术企业标准的，应自其被认定为高新技术企业的年度起，计算创业投资企业的投资期限。该期限内中小企业接受创业投资后，企业规模超过中小企业标准，但仍符合高新技术企业标准的，不影响创业投资企业享受有关税收优惠	创业投资企业：①经营范围符合《创业投资企业管理暂行办法》规定，且工商登记为"创业投资有限责任公司""创业投资股份有限公司"等专业性法人创业投资企业。②按照《创业投资企业管理暂行办法》规定的条件和程序完成备案，经备案管理部门年度检查核实，投资运作符合《创业投资企业管理暂行办法》的有关规定。 有限合伙制创业投资企业：①有限合伙制创业投资企业必须是依照《创业投资企业管理暂行办法》（国家发展和改革委员会等 10 部委令 2005 年第 39 号）和《外商投资创业投资企业管理规定》（商务部等 5 部委令 2003 年第 2 号）设立的专门从事创业投资活动的有限合伙企业。②有限合伙制创业投资企业的法人合伙人，是指依照《中华人民共和国企业所得税法》及其实施条例以及相关规定，实行查账征收企业所得税的居民企业	采取股权投资方式投资（不要求必须是现金形式的投资）

中小高新技术企业需要通过高新技术企业认定，相较于种子期、初创期科技型企业认定，无疑更为严格。虽然新修订的《高新技术企业认定管理办法》和《高新技术企业认定管理工作指引》，相较于2008年出台的办法和指引，适当放宽了认定条件，简化了认定流程，扩充了重点支持的高新技术领域，但依然要经历企业申请、专家评审和审查认定三个程序，基本申请条件如下：

（1）企业申请认定时须注册成立1年以上。

（2）企业通过自主研发、受让、受赠、并购等方式，获得对其主要产品（服务）在技术上发挥核心支持作用的知识产权的所有权。

（3）对企业主要产品（服务）发挥核心支持作用的技术属于《国家重点支持的高新技术领域》规定的范围。

（4）企业从事研发和相关技术创新活动的科技人员在企业当年职工总数中的占比不低于10%。

（5）企业近3个会计年度（实际经营期不满3年的，按照实际经营时间计算）的研究开发费用总额在同期销售收入总额中的占比符合如下要求：最近1年销售收入小于5000万元（含）的企业，占比不低于5%；最近1年销售收入在5000万元至2亿元（含）的企业，占比不低于4%；最近1年销售收入在2亿元以上的企业，占比不低于3%。其中，企业在中国境内发生的研究开发费用总额占全部研究开发费用总额的比例不低于60%。

（6）近一年高新技术产品（服务）收入占企业同期总收入的比例不低于60%。

（7）企业创新能力评价应达到相应要求。

（8）企业申请认定前1年内未发生重大安全、重大质量事故或严重环境违法行为。

4.4.1.3 优惠政策

创业投资企业（不含有限合伙制创业投资企业）采取股权投资方式投资于未上市的中小高新技术企业2年（24个月）以上，凡符合上述条件的，可以按照其对中小高新技术企业投资额的70%，在股权持有满2年的当年抵扣该创业投资企业的应纳税所得额；当年不足抵扣的，可以在以后纳税年度结转抵扣。

有限合伙制创业投资企业采取股权投资方式投资于未上市的中小高新技术企业满2年（24个月）的，其法人合伙人可按照对未上市中小高新技企业投资额的70%抵扣该法人合伙人从该有限合伙制创业投资企业分得的应纳税所得额，当年不足抵扣的，可以在以后纳税年度结转抵扣。

由于相关征管要求均属于企业所得税范畴，在此不进行相关介绍。

4.4.2 投资种子期、初创期科技型企业的投资额抵扣政策

4.4.2.1 时间要求

（1）公司制创业投资企业直接投资符合条件的种子期、初创期科技型企业的时间要求。

根据《财政部国家税务总局关于创业投资企业和天使投资个人有关税收政策的通知》（财税〔2018〕55号）的规定，公司制创业投资企业采取股权投资方式直接投资于种子期、初创期科技型企业满2年（24个月），可以按照投资额的70%在股权持有满2年的当年抵扣该公司制创业投资企业的应纳税所得额；当年不足抵扣的，可以在以后纳税年度结转抵扣。

注意，上述公司制创业投资企业不包括有限合伙制创业投资企业，虽然有限合伙制创业投资企业相比普通合伙企业，具有了某些公司制的特征，但本质上仍属于合伙企业，并不属于公司制企业，上述规定与符合条件的未上市中小高新技术企业投资额抵扣政策相一致。

（2）天使投资个人直接投资符合条件的种子期、初创期科技型企业的时间要求。

天使投资个人采取股权投资方式直接投资于种子期、初创期科技型企业实缴投资满2年，可按照投资额的70%抵扣来自该企业的股权转让所得。投资时间从种子期、初创期科技型企业接受投资并完成工商变更登记的日期算起。

（3）有限合伙制创业投资企业合伙人直接投资符合条件的种子期、初创期科技型企业的时间要求。

有限合伙制创业投资企业采取股权投资方式直接投资于种子期、初创期科技型企业满2年，该合伙创投企业的法人合伙人可以按照对种子期、初创期科技型企业投资额的70%抵扣法人合伙人从合伙创投企业分得的所得；当年不足抵扣的，可以在以后纳税年度结转抵扣。

有限合伙制创业投资企业必须是采取股权投资方式直接投资于种子期、初创期科技型企业，而且必须要满2年，投资时间从初创科技型企业接受投资并完成工商变更登记的日期算起。

需要注意的是，上述规定仅强调有限合伙制创业投资企业投资于种子期、初创期科技型企业实缴投资满2年，而个人合伙人、法人合伙人对该有限合伙制创业投资企业的实缴出资年限没有作出明确要求，因此，如果合伙人在投资期间发生变动，无论新的合伙人持有合伙企业份额是否满2年，均不影响该新入伙的合伙人享受此项税收优惠政策，但在实际操作中可能会遇到一些问题。

案例：2018年5月，投资人李大飞和王小天成立飞天有限创投合伙企业，分别实缴出资400万元和600万元。飞天有限创投合伙企业于2018年12月出资900万元投资于初创科技企业大江公司。2019年3月，合伙人张大壮入伙，实缴出资200万元。根据合伙协议约定，后入伙的张大壮不享有，也不承担包括大江公司在内的前期项目的收益和亏损。

至2020年5月，飞天有限创投合伙企业对大江公司的投资已满2年，虽然新合伙人张大壮入伙尚未满2年，却依然可以享受投资额抵扣税收优惠，但他不享有该项目的收益，因此并无法实际抵扣投资额。2021年1月，大江公司分配给飞天有限创投合伙企业投资收益120万元，由李大飞和王小天按照40%、60%的比例分享。如何计算各自附加的投资额限额？

解析：李大飞可以抵扣的投资额限额=合伙创投企业对初创科技公司的投资额×李大飞对合伙创投企业的实缴出资额÷所有合伙人全部实缴出资额×70%=900×400÷(400+600+200)×70%=210（万元）。

王小天可以抵扣的投资额限额=合伙创投企业对初创科技公司的投资额×王小天对合伙创投企业的实缴出资额÷所有合伙人全部实缴出资额×70%=900×600÷(400+600+200)×70%=315（万元）。

后期入伙的张大壮可抵扣的投资额限额=900×200÷(400+600+200)×70%=105（万元）。

根据合伙协议，张大壮不享有大江公司的收益，也不承担相应的风险，但其可以在105万元的限额内抵扣投资额。实际上，对大江公司的900万元的投资全部来自最初的两位合伙人李大飞和王小天，而且三位合伙人约定来自该项目的收益也由两人享有，但两人的投资额抵扣限额合计只有525万元，而剩余105万元虽然归属后期入伙的张大壮，但其无法实际抵扣。

如果新进入伙的合伙人在合伙协议中明确约定不参与某创投项目的投资，也就不应再享有该项目的抵扣限额，应由实际出资的合伙人享受该项目的限额抵扣政策，按照原实缴出资比例计算抵扣限额，比如，由实际投资该项目的李大飞和王小天分摊总的投资额抵扣限额，即900×70%=630（万元）为宜。

4.4.2.2 资格条件

(1) 种子期、初创期科技型企业需要符合的条件

A. 在中国境内（不包括港、澳、台地区）注册成立、实行查账征收的居民企业。

B. 接受投资时，从业不超过200人，其中具有大学本科以上学历的从业人数不低于30%。资产总额和年销售收入均不超过3000万元。

从业人数和资产总额指标，按照企业接受投资前连续12个月的平均数计算，不足12个月的，按实际月数平均计算。

接受投资前连续12个月平均数＝接受投资前连续12个月平均数之和÷12

月平均数＝（月初数＋月末数）÷2

年销售收入指标，按照企业接受投资前连续12个月的累计数计算，不足12个月的，按实际月数累计计算。

年销售收入包括主营业务收入和其他业务收入，按照企业接受投资前连续12个月的累计数计算，不足12个月的，按照实际月数累计数计算。

C. 接受投资时设立时间不超过5年（60个月）。

D. 接受投资时以及接受投资后2年内未在境内外证券交易所上市。

E. 接受投资当年及下一纳税年度，研发费用总额占成本费用支出的比例不低于20%。该口径按照财政部《关于完善研究开发费用税前加计扣除政策的通知》（财税〔2015〕119号）的规定执行，以2年研发费用的总额占比来计算。成本费用包括主营业务成本、其他业务成本、销售费用、管理费用、财务费用。

(2) 公司制创业投资企业，需要符合的条件。

A. 在中国境内（不含港、澳、台地区）注册成立、实行查账征收的居民企业或合伙创投企业，且不属于被投资初创科技型企业的发起人。

B. 符合《创业投资企业管理暂行办法》（发展改革委等10部门令第39号）的规定或《私募投资基金监督管理暂行办法》（证监会令第105号）关于创业投资基金的规定，并完成相关备案且规范运作。

C. 投资后2年内，创业投资企业及其关联方持有被投资初创科技型企业的股权比例合计应低于50%。

(3) 天使投资个人需要符合的条件。

A. 不属于被投资初创科技型企业的发起人、雇员或其亲属（包括配偶、父母、子女、祖父母、外祖父母、孙子女、外孙子女、兄弟姐妹，下同），

且与被投资初创科技型企业不存在劳务派遣等关系。

B. 投资后 2 年内，本人及其亲属持有被投资初创科技型企业股权比例合计应低于 50%。

（4）有限合伙制创业投资企业需要符合的条件。

A. 在中国境内（不含港、澳、台地区）注册成立、实行查账征收的有限合伙制创业投资企业，且不属于被投资初创科技型企业的发起人。

B. 符合《创业投资企业管理暂行办法》（发展改革委等 10 部门令第 39 号）的规定或《私募投资基金监督管理暂行办法》（证监会令第 105 号）关于创业投资基金的特别规定，按照上述规定完成备案且规范运作。

③投资后 2 年内，创业投资企业及其关联方持有被投资初创科技型企业的股权比例合计应低于 50%。

（5）投资方式需要符合的条件。

仅限于通过向被投资初创科技型企业直接支付现金方式取得的股权投资。

注意，不包括受让其他股东的存量股权，也不包括合伙企业通过其他合伙企业进行的间接投资，"层层嵌套"的合伙架构不能享受投资额抵扣的税收优惠。

4.4.2.4 投资额抵扣优惠政策

（1）公司制创业投资企业的投资额抵扣优惠政策。

公司制创业投资企业采取股权投资方式直接投资于种子期、初创期科技型企业满 2 年（24 个月），可以按照投资的 70% 在股权持有满 2 年的当年抵扣该公司制创业投资企业的应纳税所得额；当年不足抵扣的，可以在以后纳税年度结转扣。

公司制创业投资企业直接投资可以抵扣本企业的应纳税所得额，如果通过有限合伙制创业投资企业间接投资，只能抵扣从符合条件的有限合伙制创业投资企业分得的所得；当年不足抵扣的，可结转以后纳税年度继续抵扣，不得直接冲抵本企业的应纳税所得额。

（2）天使投资个人的投资额抵扣优惠政策。

天使投资个人可以按照投资额的 70% 抵扣转让该种子期、初创期科技型企业股权取得的应纳税所得额；当期不足抵扣的，可以在以后取得转让该种子期、初创期科技型企业股权的应纳税所得额时结转抵扣。

天使投资个人投资抵扣的仅仅是股权转让所得的应纳税所得额。与被投资企业其他相关的所得,例如,持有股权环节中取得的股息、红利所得和经营所得,均不能抵扣。

天使投资个人投资多个种子期、初创期科技型企业,对其中办理注销清算的种子期、初创期科技型企业,天使投资个人对其投资额的70%尚未抵扣完的,可自注销清算之日起36个月内抵扣天使投资个人转让其他种子期、初创期科技型企业股权取得的应纳税所得额。

(3) 有限合伙制创业投资企业的法人合伙人的投资额抵扣优惠政策

符合上述要求的有限合伙制创业投资企业法人合伙人可以按照对种子期、初创期科技型企业投资额的70%抵扣法人合伙人从合伙创投企业分得的所得。

注意,由于企业所得税实行综合税制,对不同性质所得采取相同的征税方法,因此法人合伙人可以抵扣来自该合伙创投企业分得的相关所得,包括经营所得和股息、利息等所得。

法人合伙人投资于多个符合条件的有限合伙制创业投资企业,可合并计算其可抵扣的投资额和分得的所得。当年不足抵扣的,可结转以后纳税年度继续抵扣;当年抵扣后有结余,应按照企业所得税法的规定,计算缴纳企业所得税。

(4) 有限合伙制创业投资企业的个人合伙人的投资额抵扣优惠政策。

符合上述要求的有限合伙制创业投资企业的个人合伙人,可以按照该有限合伙制创业投资企业对种子期、初创期科技型企业投资额的70%抵扣从该有限合伙制创业投资企业分得的经营所得;当年不足抵扣的,可以在以后纳税年度结转抵扣。

注意,由于个人所得税实行综合与分类相结合的税制,对不同性质所得采取不同的征税方法,即使同为综合所得,预扣预缴方式也不尽相同,因此对于个人合伙人的抵扣范围仅限经营所得,不包括股息、利息所得等其他所得。

有限合伙制创业投资企业投资额抵扣原则,按照"先分、再抵、后税"的方式进行操作。

先分,首先,按照约定比例计算合伙人分配的经营所得;其次,按照有限合伙制创业投资企业投至种子期、初创期科技型企业的全部实缴投资额的70%,乘以每名合伙人实缴出资额占比,计算可抵扣的投资额。

再抵,是指在合伙人层面抵扣可抵扣的投资额,此处可抵扣的仅是经营所得,不包含合伙企业分配的股息、红利所得,而且可抵扣的是有限合伙制创业投资企业的所得,不仅包括有限合伙制创业投资企业投资该初创型科技企业的所得,还包括该有限合伙制创业投资企业投资其他企业或者通过其他方式取得的经营所得。

后税,是指个人合伙人以投资额抵扣完经营所得后,再按照投资抵扣后的应纳税所得额计算应缴纳个人所得税。

与法人合伙人的合并抵扣有所不同,个人合伙人投资多家有限合伙制创业投资企业,不得汇总计算抵扣额。

案例:甲有限合伙制创业投资企业于2017年9月实缴投资乙初创科技型企业458万元,该投资符合投资抵扣税收优惠相关条件,合伙人王强于2020年9月入股,对该有限合伙制创业投资企业实缴出资542万元,在全部合伙人实缴出资中的占比为54.2%。该创投企业于2020年实现年度经营所得228万元,按照协议对王强的分配比例为61.5%。合伙人王强可附加的投资额为多少?

解析:虽然王强入股时间较晚,但根据与其他合伙人的协商可以分享前期收益。

王强从有限合伙制创业投资企业分得的经营所得 = 228 × 61.5% = 140.22(万元)。

王强分得的可抵扣投资额 = 542 × 70% × 54.2% = 205.63(万元)。

因此,王强可抵扣的投资额为140.22万元,剩余65.41万元结转以后年度进行抵扣。

注意,计算可抵扣投资额时,使用的是该合伙人对有限合伙企业的实缴出资比例。在计算各合伙人应分配的经营所得时,应当采用合伙协议中约定比例分配;合伙协议未约定或不明确,按照合伙人协商决定的比例分配;协商不成的,按照合伙人实缴出资比例,即合伙份额占比分配;无法确定出资比例,按照合伙人平均分配。

4.4.2.4 有限合伙制创业投资企业的征管要求

(1) 个人所得税范畴。

有限合伙制创业投资企业的个人合伙人符合享受优惠条件的,有限合伙制创业投资企业应在投资种子期、初创期科技型企业满2年的年度终了后3个月内,向有限合伙制创业投资企业主管税务机关办理备案手续,备案时应报送"合伙创投企业个人所得税投资抵扣备案表",同时将有关资料留存备查。有限合伙制创业投资企业多次投资同一种子期、初创期科技型企业,应按年度分别备案。

有限合伙制创业投资企业应在投资种子期、初创期科技型企业满2年后的每个年度终了后3个月内,向有限合伙制创业投资企业主管税务机关报送"合伙创投企业个人所得税投资抵扣情况表"。

个人合伙人在个人所得税年度申报时,应将当年允许抵扣的投资额填至"个人所得税生产经营所得纳税申报表（B表）",该表修订后,在第60行专门设有"投资抵扣"项。

(2) 企业所得税范畴。

有限合伙制创业投资企业法人合伙人按照《国家税务总局关于发布修订后的〈企业所得税优惠政策事项办理办法〉的公告》（国家税务总局公告2018年第23号）的规定,采取"自行判别、申报享受、相关资料留存备查"的办理方式。企业根据经营情况以及相关税收规定,自行判断是否符合优惠事项规定的条件,符合条件的可以按照《企业所得税优惠事项管理目录》自行计算减免税额,并通过填报"企业所得税纳税申报表"享受税收优惠,同时按照规定归集和留存相关资料备查。有限合伙制创业投资企业的法人合伙人符合享受优惠条件的,有限合伙制创业投资企业应在投资种子期、初创期科技型企业满2年的年度以及分配所得的年度终了后,及时向法人合伙人提供"合伙创投企业法人合伙人所得分配情况明细表"。公司制创业投资企业参照法人合伙人的上述操作执行。

4.4.2.5 天使投资个人的征管要求

(1) 投资抵扣备案。

天使投资个人应在投资种子期、初创期科技型企业满24个月的次月15日内,与种子期、初创期科技型企业共同向种子期、初创期科技型企业主管税务机关办理备案手续。备案时,应报送"天使投资个人所得税投资抵扣备案表"。

被投资企业符合种子期、初创期科技型企业条件的有关资料留存企业备查,备查资料包括初创科技型企业接受现金投资时的投资合同（协议）、章程、实际出资的相关证明材料以及被投资企业符合种子期、初创期科技型企业条件的有关资料。多次投资同一初创科技型企业的,应分次备案。

(2) 投资抵扣申报。

天使投资个人转让符合条件的种子期、初创期科技型企业股权,按照规定享受投资抵扣税收优惠时,应于股权转让次月15日内,向主管税务机关报送"天使投资个人所得税投资抵扣情况表"。同时，天使投资个人还应一并提供投资种子期、初创期科技型企业后税务机关受理的"天使投资个人所得税投资抵扣备案表"。

其中，天使投资个人转让种子期、初创期科技型企业股权需同时抵扣前36个月内投资其他注销清算种子期、初创期科技型企业尚未抵扣完毕的投资额，申报时，应一并提供注销清算企业主管税务机关受理登记并注明注销清算等情况的"天使投资个人所得税投资抵扣备案表"以及前期享受投资抵扣政策后税务机关受理的"天使投资个人所得税投资抵扣情况表"。

接受投资的种子期、初创期科技型企业，应在天使投资个人转让股权纳税申报时，向扣缴义务人（后续取得所转让股权的法人或者自然人）提供相关信息。

天使投资个人投资种子期、初创期科技型企业满足投资抵扣税收优惠条件后，种子期、初创期科技型企业在上海证券交易所、深圳证券交易所上市，天使投资个人在转让种子期、初创期科技型企业股票时，有尚未抵扣完毕的投资额，应向证券机构所在地主管税务机关办理限售股转让税款清算，抵扣尚未抵扣完毕的投资额。清算时，应提供投资种子期、初创期科技型企业后税务机关受理的"天使投资个人所得税投资抵扣备案表"和"天使投资个人所得税投资抵扣情况表"。

（3）股权变动报告。

被投资企业发生个人股东变动或者个人股东所持股权变动的，应在次月15日内向主管税务机关报送含有股东变动信息的"个人所得税基础信息表（A表）"。对天使投资个人，应在备注栏标明"天使投资个人"字样。

（4）转让股权时税款扣缴。

天使投资个人转让股权时，扣缴义务人应分别将当年允许抵扣的投资额填至"个人所得税扣缴申报表"中"其他扣除"的"其他"栏，并同时标明"投资抵扣"字样。如果扣缴义务人未及时对相关税款进行代扣代缴，天使投资个人应将当年允许抵扣的投资额填至"个人所得税自行纳税申报表（A表）"中"其他扣除"的"其他"栏，并同时标明"投资抵扣"字样。

（5）企业注销。

天使投资个人投资的种子期、初创期科技型企业注销清算，应及时持"天使投资个人所得税投资抵扣备案表"到主管税务机关办理情况登记。

案例：天使投资个人沈思棋2015年6月直接投资初创科技企业斗鱼网络公司，实缴出资1015万元，占股比例为35%，符合投资额抵扣税收优惠条件。2016 年 9 月,沈思棋获得斗鱼网络公司派发的股息 18 万,当年 10 月沈思棋转让斗鱼网络公司 12% 的股权,获得股权转让所得 923 万元,缴纳印花税 4750 元。2017 年 10 月,斗鱼网络公司因经营不善而破产。2018 年 3 月,沈思棋再度转让其投资的另一家初创科技企业香蕉科技公司 5% 的股份,其对香蕉科技公司投资抵扣额已经在第一次转让其股权时全部予以抵扣,此次转让扣除原值和相关税费的净所得为 134 万元,2021 年 6 月再次转让香蕉科技公司 3% 的股权,取得 126 万元的股权转让净所得。根据以上业务,沈思棋所涉及的抵扣投资额及个人所得税如何计算?

解析:沈思棋对斗鱼网络公司可以抵扣的投资额为 1015×70% =710.5(万元),但其对初创科技企业的直接投资额只有在转让其股权时才允许抵扣,因此暂时不能实际抵扣,而通过有限合伙制创业投资企业间接投资,可以抵扣来自该合伙企业的经营所得。

2016 年 9 月,沈思棋获得股息 18 万元,该项所得无法享受投资额抵扣政策,需按照利息、股息、红利所得缴纳个人所得税,应纳税所得额 = 18×20% =3.6(万元)。

2016 年 10 月,沈思棋转让斗鱼网络公司股权,需要按照"财产转让所得"缴纳个人所得税。应纳税所得额为股权转让收入减去股权原值和合理费用后的余额,即 923 - 1015÷35%×12% - 0.475 = 923 - 348 - 0.475 = 574.525(万元)。

上述应纳税所得额可用投资抵扣额来进行抵扣,抵扣后剩余金额为 710.5 - 574.525 = 135.975(万元)。

上述 135.975 万元可结转以后年度,转让斗鱼网络公司股权时进行抵扣。

2017 年 8 月斗鱼网络公司破产清算。2018 年 3 月,沈思棋转让另一家初创科技企业香蕉科技公司股权时,因距离斗鱼网络公司注销清算尚不足 36 个月,其取得的股权转让所得 134 万元,可以用剩余的 135.975 万元的投资抵扣额进行抵扣,该项所得不用缴纳个人所得税,此次抵扣后剩余的 1.975 万元可结转到以后年度,再度转让香蕉科技公司股权时可以继续抵扣。

2021 年 6 月,沈思棋转让香蕉科技公司 3% 的股权时,因为距离斗鱼网络公司注销清算已经超过 36 个月,沈思棋投资斗鱼网络公司剩余的 1.975 万元投资额将不能再进行抵扣。

对于天使投资个人来说,一定要把握其所投资的种子期、初创期科技型企业注销清算后,与其有关的剩余股权投资额度不得超过 36 个月,若是在此期间内未转让其投资的其他种子期、初创期科技型企业,或者虽然有转让,但股权转让收入小于剩余股权投资额度,相关额度将不会再予以结转。

4.5 房屋相关所得纳税筹划

4.5.1 个人转让住房

个人转让住房,对于能够提供相关凭证的,以其转让收入额减除财产原值和合理费用后的余额为应纳税所得额,按照财产转让所得,以20%的税率缴纳个人所得税。

以实际成交价格为转让收入,但纳税人申报的住房成交价格明显低于市场价格且无正当理由的,征收机关根据有关信息,依法核定其转让收入。

计算个人所得税应纳税所得额时,纳税人可凭原购房合同、发票等有效凭证,经税务机关审核后,允许从其转让收入中减除房屋原值、转让住房过程中缴纳的税金及有关合理费用。

纳税人未提供完整、准确的房屋原值凭证,不能正确计算房屋原值和应纳税额,税务机关可对其实行核定征收,即按照纳税人住房转让收入的一定比例核定应纳个人所得税额。具体比例由省税务局或者省税务局授权的市税务局根据纳税人出售住房的所处区域、地理位置、建造时间、房屋类型、住房平均价格水平等因素,在住房转让收入1%~3%的幅度内确定。

个人转让住房按照住房转让收入征收个人所得税,只是纳税人未提供完整、准确的房屋原值凭证时的一种补充手段。如果能提供相关凭证的,应当按照财产转让所得进行征收。

1. 房屋原值的确定

(1) 商品房。购置该房屋时实际支付的房价款及交纳的相关税费。

(2) 自建住房。实际发生的建造费用及建造和取得产权时实际交纳的相关税费。

(3) 经济适用房(含集资合作建房、安居工程住房)。原购房人实际支付的房价款及相关税费以及按规定交纳的土地出让金。

(4) 已购公有住房。已购公有住房是指城镇职工根据国家和县级(含县级)以上人民政府有关城镇住房制度改革政策规定,按照成本价(或标准价)购买的公有住房。已购公有住房标准面积按当地经济适用房价格计算的房价款，加上已购公有住房超标准面积实际支付的房价款以及按规定向财政部门（或原产权单位）交纳的所得收益及相关税费。经济适用房价格按照县级（含县级）以上地方人民政府规定的标准确定。

（5）城镇拆迁安置住房的原值分别按照以下方法确定：

A. 房屋拆迁取得货币补偿后购置房屋的，为购置该房屋实际支付的房价款及交纳的相关税费。

B. 房屋拆迁采取产权调换方式的，所调换房屋原值为《房屋拆迁补偿安置协议》注明的价款及交纳的相关税费。

C. 房屋拆迁采取产权调换方式，被拆迁人除取得所调换房屋，又取得部分货币补偿的，所调换房屋原值为《房屋拆迁补偿安置协议》注明的价款和交纳的相关税费，减去货币补偿后的余额。

D. 房屋拆迁采取产权调换方式，被拆迁人取得所调换房屋，又支付部分货币的，所调换房屋原值为《房屋拆迁补偿安置协议》注明的价款，加上所支付的货币及交纳的相关税费。

2. 转让住房过程中缴纳的税金

纳税人在转让住房时实际缴纳的营业税、城市维护建设税、教育费附加、土地增值税、印花税等税金，准予在计算所得时予以扣除。

3. 合理费用

纳税人按照规定，实际支付的住房装修费用、住房贷款利息、手续费、公证费等费用，准予在计算所得时予以扣除。

（1）支付的住房装修费用。纳税人能提供实际支付装修费用的税务统一发票，并且发票上所列付款人姓名与转让房屋产权人一致的，经税务机关审核，其转让的住房在转让前实际发生的装修费用，可在规定比例内扣除。已购公有住房、经济适用房，最高扣除限额为房屋原值的15%；商品房及其他住房，最高扣除限额为房屋原值的10%。

纳税人已购房为装修房，即合同注明房价款中含有装修费（铺装了地板、装配了洁具、厨具等）的，不得再重复扣除装修费用。

（2）支付的住房贷款利息。纳税人出售以按揭贷款方式购置的住房的，其向贷款银行实际支付的住房贷款利息，凭贷款银行出具的有效证明据实扣除。

（3）纳税人按照有关规定实际支付的手续费、公证费等，凭有关部门出具的有效证明据实扣除。

4. 税收优惠政策

对出售自有住房并拟在现住房出售 1 年内按市场价重新购房的纳税人，

其出售现住房所缴纳的个人所得税，先以纳税保证金形式缴纳，再视其重新购房的金额与原住房销售额的关系，全部或部分退还纳税保证金。税务机关建立个人所得税纳税保证金专户，为缴纳纳税保证金的纳税人建立档案，加强对纳税保证金信息的采集、比对、审核；向纳税人宣传解释纳税保证金的征收、退还政策及程序；认真做好纳税保证金退还事宜，符合条件的及时办理。对个人转让自用 5 年以上，并且是家庭唯一生活用房取得的所得，免征个人所得税。这中间有个重要问题，便是购得时间，如果房屋产权证和契税完税证明所注明的时间不一致的，按照"孰先"的原则，确定购买房屋的时间。即房屋产权证上注明的时间早于契税完税证明上注明的时间的，以房屋产权证注明的时间为购买房屋的时间；契税完税证明上注明的时间早于房屋产权证上注明的时间的，以契税完税证明上注明的时间为购买房屋的时间。

5. 征管要求

根据规定，个人转让住房应缴纳的个人所得税，应与转让环节应缴纳的增值税、契税、土地增值税等税收一并办理；税务机关暂没有条件在房地产交易场所设置税收征收窗口的，应委托契税征收部门一并征收个人所得税等税收，在房屋拍卖后缴纳增值税、契税、土地增值税等税收的同时，一并申报缴纳个人所得税。

4.5.2 房屋无偿赠与

1. 不征税的房屋产权无偿赠与

房屋产权所有人将房屋产权无偿赠与配偶、父母、子女、祖父母、外祖父母、孙子女、外孙子女、兄弟姐妹；房屋产权所有人将房屋产权无偿赠与对其承担直接抚养或者赡养义务的抚养人或者赡养人；房屋产权所有人死亡，依法取得房屋产权的法定继承人、遗嘱继承人或者受遗赠人。上述情形的房屋产权无偿赠与，对当事双方不征收个人所得税。赠与双方办理免税手续时，应向税务机关提交以下材料：

（1）属于继承不动产的，继承人应当提交公证机关出具的继承权公证书房产所有权证和个人无偿赠与不动产登记表；属于遗嘱人处分不动产的，遗嘱继承人或者受遗赠人须提交公证机关出具的遗嘱公证书和遗嘱继承权公证书或接受遗赠公证书、房产所有权证以及个人无偿赠与不动产登记表；属于其他情况无偿赠与不动产的，受赠人应当提交房产所有人赠与公证书和受赠人接受赠与公证书，或持双方共同办理的赠与合同公证书以及房产所有权证和个人无偿赠与不动产登记表。上述证明材料必须提交原件。

(2) 赠与双方当事人的有效身份证件。

(3) 房屋产权所有人将房屋产权无偿赠与配偶、父母、子女、祖父母、外祖父母、孙子女、外孙子女、兄弟姐妹，还须提供公证机构出具的赠与人和受赠人亲属关系的公证书（原件）。

(4) 房屋产权所有人将房屋产权无偿赠与对其承担直接抚养或者赡养义务的抚养人或者赡养人，还须提供公证机构出具的抚养关系或者赡养关系公证书（原件），或者乡镇政府或街道办事处出具的抚养关系或者赡养关系证明。

税务机关应当认真审核赠与双方提供的上述材料，材料齐全并且填写正确的，在提交的个人无偿赠与不动产登记表上签字盖章后复印留存，原件退还提交人，同时办理个人所得税不征税手续。

2. 征税的房屋产权无偿赠与

除了上述人员，房屋产权所有人将房屋产权无偿赠与他人，受赠人因无偿受赠房屋取得的受赠所得，按照偶然所得缴纳个人所得税，税率为20%。

对受赠人无偿受赠房屋计征个人所得税时，其应纳税所得额为房地产赠与合同上标明的赠与房屋价值减除赠与过程中受赠人支付的相关税费后的余额。赠与合同标明的房屋价值明显低于市场价格或房地产赠与合同未标明赠与房屋价值的，税务机关可依据受赠房屋的市场评估价格或采取其他合理方式，确定受赠人的应纳税所得额。

3. 转让接受无偿捐赠的房屋

受赠人转让受赠房屋，以其转让受赠房屋的收入减除原捐赠人取得该房屋的实际购置成本以及赠与和转让过程中受赠人支付的相关税费后的余额，为受赠人的应纳税所得额，依法计征个人所得税。受赠人转让受赠房屋价格明显偏低且无正当理由的，税务机关可以依据该房屋的市场评估价格或其他合理方式确定的价格核定其转让收入。

4.5.3 个人出租房屋

1. 计税方式

自然人出租房屋取得的租金收入应按照财产租赁所得计算缴纳个人所得税，税率为20%。自2001年1月1日起，对个人出租房屋取得的所得，暂减按照10%的税率征收个人所得税。

财产租赁过程中缴纳的税费、向出租方支付的租金（适用于房屋转租）、由纳税人负担的租赁财产实际开支的修缮费用以及税法规定的费用扣除标准,可以据实扣除。

如果无法提供合法、准确凭证,实行核定征收方式,按照租金收入直接乘以征收率计算应缴个人所得税,不同地方的征收率也会有所不同,一般为1.5%~2%。个体工商户、个人独资企业、合伙企业出租房屋并不按照财产租赁所得,而是按照经营所得缴纳个人所得税。

2. 征管现状

出租房屋一直是税收征收管理的一个薄弱环节,如果出租方为自然人房东,不主动进行申报,税务机关难以掌握房屋出租的具体情况。

过去税务机关只得利用房地产转让及保有环节有关税种的征管信息,跟踪掌握出租房屋的税源情况,重点查找漏征漏管户并核实其出租房屋的面积和租金情况,同时加强与公安、街道办事处、居(家)委会、房屋土地管理部门以及房屋中介机构和住宅小区物业管理部门的沟通,增加税源信息获取渠道,建立税源信息传递制度,特别是通过外来人口管理部门掌握外地人员承租房屋的情况,进而掌握居民住房的出租情况;通过对写字楼、商住楼开展全面的摸底调查,掌握办公用房的出租情况;通过对企业经营场所情况进行登记,掌握工商业用房的出租情况,将从各种渠道获得的信息与税务机关掌握的信息进行比对、分析、查找管理的薄弱环节,切实加强税源的监控。

随着新增了专项附加扣除,房屋租金可以抵扣,按照城市类型可以分别扣除每月800元、1100元、1500元不等,而纳税人如果想享受该项扣除,必须如实准确填写出租房信息,对于加强自然人出租房屋的个人所得税征收,无疑起到极大的促进作用。

4.5.4 个人转租房屋

自然人将承租房屋转租取得的租金收入,属于个人所得税应税所得,应按照财产租赁所得计算缴纳个人所得税。

取得转租收入的个人向房屋出租方支付的租金,凭房屋租赁合同和合法支付凭据,允许在计算个人所得税时,从该项转租收入中扣除。

税前相关税费的扣除次序调整为财产租赁过程中缴纳的税费、向出租方支付的租金、由纳税人负担的租赁财产实际开支的修缮费用。

4.5.5 个人转让离婚析产房屋

通过离婚析产的方式分割房屋产权是夫妻双方对共同共有财产的处置,个人因离婚办理房屋产权过户手续,不征收个人所得税。

个人转让离婚析产房屋所取得的收入，允许扣除其相应的财产原值和合理费用后，余额按照规定的税率，缴纳个人所得税；其相应的财产原值，为房屋初次购置全部原值和相关税费之和乘以转让者占房屋所有权的比例。个人转让离婚析产房屋所取得的收入，符合家庭生活自用5年以上唯一住房的，可以申请免征个人所得税。

4.5.6　企业为个人购买房屋或其他财产

企业出资购买房屋及其他财产，将所有权登记为投资者个人、投资者家庭成员或企业其他人员；企业投资者个人、投资者家庭成员或企业其他人员向企业借款用于购买房屋及其他财产，将所有权登记为投资者、投资者家庭成员或企业其他人员，且借款年度终了后未归还借款。符合上述情形的房屋或其他财产，不论所有权人是否将财产无偿或有偿交付企业使用，其实质均为企业对个人进行了实物性质的分配，应依法计征个人所得税。

对个人独资企业、合伙企业的个人投资者或其家庭成员取得的上述所得，视为企业对个人投资者的利润分配，按照经营所得计征个人所得税；对除个人独资企业、合伙企业以外其他企业的个人投资者或其家庭成员取得的上述所得，视为企业对个人投资者的红利分配，按照利息、股息、红利所得计征个人所得税；对企业其他人员取得的上述所得，按照工资、薪金所得计征个人所得税。

4.5.7　关于单位低价向职工售房的税收政策

根据住房制度改革政策的有关规定，国家机关、企事业单位及其他组织在住房制度改革期间，按照所在地县级以上人民政府规定的房改成本价格向职工出售公有住房，职工因支付的房改成本价格低于房屋建造成本价格或市场价格而取得的差价收益，免征个人所得税。目前该政策基本上已经不再适用。

除了上述情形，单位按照低于购置或建造成本价格出售住房给职工，职工因此而少支出的差价部分，属于个人所得税应税所得，应按照工资、薪金所得缴纳个人所得税。差价部分是指职工实际支付的购房价款低于该房屋的购置或建造成本价格的差额。

对职工取得的上述应税所得，改革前比照全年一次性奖金的征税办法，计算征收个人所得税，即先将全部所得数额除以12，按其商数确定适用的税率和速算扣除数，再根据全部所得数额、适用的税率和速算扣除数，按照税法规定计算征税。单独计算纳税。计算公式为：

应纳税额 = 职工实际支付的购房价款低于该房屋的购置或建造成本价格的差额 × 适用税率 − 速算扣除数

改革后，《财政部国家税务总局关于继续有效的个人所得税优惠政策目录的公告》（总局公告2018年第177号）确认上述优惠政策继续执行，将税率表更换为"按月换算后的综合所得税率表"，其他计算方式保持不变。自2022年1月1日起，居民个人取得全年一次性奖金，应并入当年综合所得计算缴纳个人所得税。届时上述优惠政策也将不会继续执行，也应并入综合所得合并计税。

4.5.8 与房地产开发企业签订有条件价格优惠协议购买商店

房地产开发企业与商店购买者个人签订协议规定，房地产开发企业按优惠价格出售其开发的商店给购买者个人，但购买者个人在一定期限内必须将购买的商店无偿提供给房地产开发企业对外出租使用。其实质是购买者个人以所购商店交由房地产开发企业出租而取得的房屋租赁收入支付了部分购房价款。

对上述情形的购买者个人少支出的购房价款，应视同个人财产租赁所得，按照财产租赁所得征收个人所得税。每次财产租赁所得的收入额，按照少支出的购房价款和协议规定的租赁月份数平均计算确定。

4.5.9 个人取得房屋拍卖收入

个人通过拍卖市场取得的房屋拍卖收入在计征个人所得税时，其房屋原值应按照纳税人提供的合法、完整、准确的凭证予以扣除；不能提供完整、准确的房屋原值凭证，不能正确计算房屋原值和应纳税额的，统一按转让收入全额的3%计算缴纳个人所得税。

4.5.10 退房取得的补偿款

房屋买受人在未办理房屋产权证的情况下，按照与房地产公司约定条件（如对房屋的占有、使用、收益和处分权进行限制）在一定时期后无条件退房而取得的补偿款，应按照利息、股息、红利所得缴纳个人所得税，税款由支付补偿款的房地产公司代扣代缴。

4.5.11 棚户区改造有关收入

在棚户区改造中,个人因房屋被征收而取得货币补偿并用于购买改造安置住房,或因房屋被征收而进行房屋产权调换并取得改造安置住房,个人因此而取得的拆迁补偿款免征个人所得税。

棚户区是指简易结构房屋较多、建筑密度较大、房屋使用年限较长、使用功能不全、基础设施简陋的区域,具体包括城市棚户区、国有工矿(含煤矿)棚户区、国有林区棚户区和国有林场危旧房、国有垦区危房。

棚户区改造是指列入省级人民政府批准的棚户区改造规划或年度改造计划的改造项目。改造安置住房是指相关部门和单位与棚户区被征收人签订的房屋征收(拆迁)补偿协议或棚户区改造合同(协议)中明确用于安置被征收人的住房或通过改建、扩建、翻建等方式实施改造的住房。

4.5.12 易地扶贫搬迁贫困人口有关收入

对易地扶贫搬迁贫困人口按照规定取得的住房建设补助资金、拆旧复垦奖励资金等与易地扶贫搬迁相关的货币化补偿和易地扶贫搬迁安置住房,免征个人所得税。易地扶贫搬迁项目、项目实施主体、易地扶贫搬迁贫困人口、相关安置住房等信息由易地扶贫搬迁工作主管部门确定。县级易地扶贫搬迁工作主管部门将上述信息及时提供给同级税务部门。

4.6 年终奖的纳税筹划

4.6.1 年终奖的定义

税法上对年终奖是这样定义的:年终奖是指全年一次性奖金,是指行政机关、企事业单位等扣缴义务人根据其全年经济效益以及对员工年度的工作业绩进行综合考核后,向员工发放的一次性奖金。年终奖并不限于年终发放,是指一年发放一次的综合性奖金。年终奖包括年终加薪、实行年薪制和绩效工资考核办法的企业根据考核情况兑现的年薪和绩效工资。年终奖不包括半年奖、季度奖、加班奖、先进奖、考勤奖等。

4.6.2 年终奖的个人所得税计算办法

《国家税务总局关于调整个人取得全年一次性奖金等计算征收个人所得

税方法问题的通知》（国税发〔2005〕9号）规定，纳税人取得全年一次性奖金，单独作为1个月工资、薪金所得计算纳税，并按以下计税办法，由扣缴义务人在发放时代扣代缴。

4.6.2.1 确定适用税率和速算扣除数

首先，将员工当月内取得的全年一次性奖金，除以12个月，根据其商数来确定适用税率和速算扣除数。

其次，若在发放年终一次性奖金的当月，员工当月工资薪金所得低于税法规定的费用扣除额，应将全年一次性奖金减除员工当月工资薪金所得与费用扣除额差额后的余额，按上述办法确定全年一次性奖金的适用税率和速算扣除数。

4.6.2.2 个人所得税的计算方法

将员工个人当月内取得的全年一次性奖金，按上述确定的适用税率和速算扣数计算征税。

（1）若员工当月工资薪金所得高于（或等于）税法规定的费用扣除额，则适用如下公式：

应纳税额 = 员工当月取得全年一次性奖金 × 适用税率 − 速算扣除数

（2）若员工当月工资薪金所得低于税法规定的费用扣除额的，则适用如下公式：

应纳税额 =（员工当月取得全年一次性奖金 − 员工当月工资薪金所得与费用扣除额的差额）× 适用税率 − 速算扣除数

4.6.2.3 2019年新个人所得税法下的年终奖规定

《财政部 税务总局关于个人所得税法修改后有关优惠政策衔接问题的通知》（财税〔2018〕164号）中有"关于全年一次性奖金、中央企业负责人年度绩效薪金延期兑现收入和任期奖励的政策"。

居民个人取得全年一次性奖金，符合《国家税务总局关于调整个人取得全年一次性奖金等计算征收个人所得税方法问题的通知》（国税发〔2005〕9号）规定的，在2021年12月31日前，不并入当年综合所得，以全年一次性奖金收入除以12个月得到的数额，按照本通知所附按月换算后的综合所得税率表（以下称月度税率表），确定适用税率和速算扣除数，单独计算纳税。计算公式如下：

应纳税额 = 全年一次性奖金收入 × 适用税率 − 速算扣除数

居民个人取得全年一次性奖金，也可以选择并入当年综合所得计算纳税。

自 2022 年 1 月 1 日起，居民个人取得全年一次性奖金，应并入当年综合所得计算缴纳个人所得税。上述政策表明，新个人所得税法下，个人年终奖的计算原理平移了以前个税计算原理，不过纳税人有权选择使用或者不使用；不用再减当月收入不足扣除费用（2018 年 10 月 1 日后为 5000 元）的差额后再除以 12 个月。

4.6.3 年终奖的个人所得税分水岭

为了便于分析年终奖在不同阶段存在的个人所得税陷阱，我们以具体案例来分析，找出年终奖在不同阶段的个人所得税差异，也就是确定年终奖的分水岭。

案例：朱刚先生 2019 年工薪报酬为取得代扣专项扣除后的工资 80000 元，专项附加扣除 10000 元。

解析：朱刚先生 2019 年的应纳税所得额 = 80000 - 5000 × 12 - 10000 = 10000（元）。

适用 3% 税率，汇算清缴应纳税额为 300（10000 × 3%）元。

（1）假设 2019 年朱刚先生的年终奖为 36000 元，纳税人选择单独纳税，则 36000 ÷ 12 = 3000（元）

朱刚先生 2019 年应纳个人所得税为 1080（36000 × 3%）元。

（2）假设朱刚先生取得 2019 年的年终奖为 36001 元，纳税人选择单独纳税，则 36001 ÷ 12 ≈ 3000.08（元）

朱刚先生 2019 年应纳个人所得税为 3390.1（36001 × 10% - 210）元。（1）和（2）间的差额为 2310.1（3390.1 - 1080）元。

经过测算，朱刚先生 2019 年由于多领了 1 元年终奖，需要多缴个税 2310.1 元。当然，年终奖不只是在 36000 元处存在分水岭，还有多个分水岭。财务人员适当进行纳税筹划，便可节约税收，减轻员工的个人税负。

4.7 公益慈善事业捐赠支出的纳税筹划

公益慈善事业捐赠支出也可以从个人所得税中进行扣除，财政部、税务总局对此专门下发了《关于公益慈善事业捐赠个人所得税政策的公告》（财政部税务总局公告2019年第99号），对有关事宜进行了较为详细的规定。

4.7.1 接受捐赠的组织

个人通过中国境内公益性社会组织、县级以上人民政府及其部门等国家机关，向教育、扶贫、济困等公益慈善事业的捐赠，发生的公益捐赠支出，可以在计算应纳税所得额时予以扣除。个人直接向教育、扶贫、济困等公益慈善事业进行捐赠不允许抵扣，主要是难以确定其真实性和具体数额，因此必须通过法律认可的第三方进行捐赠，主要有两类。

第一类是公益性社会组织，依法设立或登记并按规定条件和程序取得公益性捐赠税前扣除资格的慈善组织、其他社会组织和群众团体；每年财政部门、税务部门和民政部门都要联合公布获得公益性捐赠税前扣除资格的公益性社会团体名单，通过上述公益性社会团体进行捐赠的相关支出可以进行税前扣除。

第二类是县级以上人民政府及其部门等国家机关，政府层级必须是县级以上，并不包括乡镇一级政府，县级以上人民政府的部门也允许作为接受捐赠的单位，比如，县民政局，虽然县民政局与乡镇政府均为乡科级单位，但两者所处的层级不同，因此要予以区分。

特殊情况下，也可能会适度放宽相关限制，财政部、税务总局下发的《关于支持新型冠状病毒感染的肺炎疫情防控有关捐赠税收政策的公告》（财政部 税务总局公告2020年第9号）规定："企业和个人直接向承担疫情防治任务的医院捐赠用于应对新型冠状病毒感染的肺炎疫情的物品，允许在计算应纳税所得额时全额扣除。"为了疫情防控需要，企业和个人可以直接向承担疫情防治任务的医院进行捐赠，但不能是捐款，而应是医院较为短缺的用于新型冠状病毒感染的物品，准予全额扣除。

个人捐赠住房作为公租房，符合税收法律法规规定的，对其公益性捐赠支出未超过其申报的应纳税所得额30%的部分，准予从其应纳税所得额中扣除。根据《国家税务总局关于中国共产党党员交纳抗震救灾"特殊党费"在个人所得税前扣除问题的通知》（国税发〔2008〕60号）规定，四川汶川特大地震发生后，广大党员响应党组织的号召以"特殊党费"的形式积极向灾区捐款。党员个人通过党组织交纳的抗震救灾"特殊党费"，属于对公益、救济事业的捐赠。党员个人的该项捐赠额，可以按照个人所得税法及其实施条例的规定，依法在缴纳个人所得税前扣除。

4.7.2 公益捐赠支出金额确定

(1) 捐赠货币性资产,按照实际捐赠金额确定。

(2) 捐赠股权、房产,按照个人持有股权、房产的财产原值确定。

(3) 捐赠除股权、房产以外的其他非货币性资产,按照非货币性资产的市场价格确定。非货币性资产只有股权和房产按照原值确定,其他均按市场价格确定。这主要是因为股权和房产价格波动频繁,估价难度大而且变动幅度剧烈。如果在价格最高点时将其捐出,不仅获得了慈善的名声,也获取了抵扣的利益。捐赠慈善事业本应不求名利,因此股权和房产按原值确定,应该较为合理。

4.7.3 公益捐赠支出扣除限额

居民个人发生的公益捐赠支出可以在分类所得、综合所得或者经营所得中予以扣除。在当期一个所得项目扣除不完的公益捐赠支出,可以按规定在其他所得项目中继续扣除。扣除限额分别为当年综合所得、当年经营所得应纳税所得额的30%;当月分类所得应纳税所得额的30%。

居民个人根据各项所得的收入、公益捐赠支出、适用税率等情况,自行决定在综合所得、分类所得、经营所得中的扣除顺序。

个人公益捐赠一般都要受捐赠限额的限制,这主要是为了与企业捐赠相衔接,企业捐赠限额为利润总额的12%,但对于有特殊规定的捐赠项目,可以在税前全额扣除,不受扣除限额的限制。个人同时发生按30%扣除和全额扣除的公益捐赠支出,自行选择扣除次序。

目前可以进行全额税前扣除的项目主要包括8个方面。

1. 公益性青少年活动场所

《财政部 国家税务总局关于对青少年活动场所、电子游戏厅有关所得税和营业税政策问题的通知》(财税〔2000〕21号)第一条规定:对公益性青少年活动场所暂免征收企业所得税;对企事业单位、社会团体和个人等社会力量,通过非营利性的社会团体和国家机关对公益性青少年活动场所(其中包括新建)的捐赠,在缴纳企业所得税和个人所得税前准予全额扣除。本通知所称公益性青少年活动场所是指专门为青少年学生提供科技、文化、德育、爱国主义教育、体育活动的青少年宫、青少年活动中心等校外活动的公益性场所。

2. 老年服务机构

《财政部 国家税务总局关于对老年服务机构有关税收政策问题的通知》

（财税〔2000〕97号）规定：对企事业单位、社会团体和个人等社会力量，通过非营利性的社会团体和政府部门向福利性、非营利性的老年服务机构的捐赠，在缴纳企业所得税和个人所得税前准予全额扣除。本通知所称老年服务机构，是指专门为老年人提供生活照料、文化、护理、健身等多方面服务的福利性、非营利性的机构，主要包括：老年社会福利院、敬老院（养老院）、老年服务中心、老年公寓（含老年护理院、康复中心、托老所）等。

3. 符合条件的基金会

《财政部　国家税务总局关于向中华健康快车基金会等5家单位的捐赠所得税税前扣除问题的通知》（财税〔2003〕204号）规定：对企业、事业单位、社会团体和个人等社会力量，向中华健康快车基金会和孙冶方经济科学基金会、中华慈善总会、中国法律援助基金会和中华见义勇为基金会的捐赠，准予在缴纳企业所得税和个人所得税前全额扣除。

《财政部　国家税务总局关于向宋庆龄基金会等6家单位捐赠所得税政策问题的通知》（财税〔2004〕172号）规定：对企业、事业单位、社会团体和个人等社会力量，通过宋庆龄基金会、中国福利会、中国残疾人福利基金会、中国扶贫基金会、中国煤矿尘肺病治疗基金会、中华环境保护基金会用于公益救济性的捐赠，准予在缴纳企业所得税和个人所得税前全额扣除。

《财政部　国家税务总局关于中国老龄事业发展基金会等8家单位捐赠所得税政策问题的通知》（财税〔2006〕66号）规定：对企业、事业单位、社会团体和个人等社会力量，通过中国老龄事业发展基金会、中国华文教育基金会、中国绿化基金会、中国妇女发展基金会、中国关心下一代健康体育基金会、中国生物多样性保护基金会、中国儿童少年基金会和中国光彩事业基金会用于公益救济性捐赠，准予在个人所得税前全额扣除。

《财政部　国家税务总局关于中国医药卫生事业发展基金会捐赠所得税政策问题的通知》（财税〔2006〕67号）规定：对企业、事业单位、社会团体和个人等社会力量，通过中国医药卫生事业发展基金会用于公益救济性捐赠，准在缴纳个人所得税前全额扣除。

《财政部国家税务总局关于中国教育发展基金会捐赠所得税政策问题的通知》（财税〔2006〕68号）规定：对企业、事业单位、社会团体和个人等社会力量，通过中国教育发展基金会用于公益救济性捐赠，准予在缴纳个人所得税前全额扣除。

4. 教育事业

《财政部　国家税务总局关于教育税收政策的通知》（财税〔2004〕39

号）第一条第八款规定："纳税人通过中国境内非营利的社会团体、国家机关向教育事业的捐赠，准予在企业所得税和个人所得税前全额扣除。"

《财政部　国家税务总局关于纳税人向农村义务教育捐赠有关所得税政策的通知》（财税〔2001〕103号）第一条规定："企事业单位、社会团体和个人等社会力量通过非营利的社会团体和国家机关向农村义务教育的捐赠、准予在缴纳企业所得税和个人所得税前的所得额中全额扣除。"上述规定中的农村义务教育是指政府和社会力量举办的农村乡镇（不含县和县级市政府所在地的镇）、村的小学和初中以及属于这一阶段的特殊教育学校。纳税人对农村义务教育与高中在一起的学校的捐赠，也享受本通知法规的所得税前扣除政策。

5. 灾情、疫情应对

《财政部　海关总署　国家税务总局关于支持舟曲灾后恢复重建有关税收政策问题的通知》（财税〔2010〕107号）、《财政部　海关总署　国家税务总局关于支持鲁甸地震灾后恢复重建有关税收政策问题的通知》（财税〔2015〕27号）规定，对企业、个人通过公益性社会团体、县级以上人民政府及其部门向灾区的捐赠，允许在当年企业所得税前和当年个人所得税前全额扣除。

6. 技术开发研究

《财政部　国家税务总局关于贯彻落实〈中共中央　国务院关于加强技术创新，发展高科技，实现产业化的决定〉有关税收问题的通知》（财税〔1999〕273号）第三条第一项规定："对社会力量，包括企业单位（不含外商投资企业和外国企业）、事业单位、社会团体、个人和个体工商户，资助非关联的科研机构和高等学校研究开发新产品、新技术、新工艺所发生的研究开发经费，经主管税务机关审核确定，其资助支出可以全额在当年度应纳税所得额中扣除。当年度应纳税所得额不足抵扣的，不得结转抵扣。"

7. 红十字事业

《财政部　国家税务总局关于企业等社会力量向红十字事业捐赠有关问题的通知》（财税〔2001〕28号）第二条规定，鉴于现阶段各级地方红十字会机构管理体制多元化的情况，为使接受的捐赠真正用于发展红十字事业，维护国家正常的税收秩序，对受赠者、转赠者的资格认定如下：

（1）完全具有受赠者、转赠者资格的红十字会。

县级以上（含县级）红十字会的管理体制及办事机构、编制经同级编制部门核定，由同级政府领导联系者为完全具有受赠者、转赠者资格的红十字会。捐赠给这些红十字会及其红十字事业，捐赠者准予享受在计算缴纳企业所得税和个人所得税时全额扣除的优惠政策。

（2）部分具有受赠和转赠资格的红十字会。

由政府某部门代管或挂靠在政府某一部门的县级以上（含县级）红十字会为部分具有受赠者、转赠者资格的红十字会。这些红十字会及其红十字事业，只有在中国红十字会总会号召开展重大活动（以总会文件为准）时接受的捐赠和转赠，捐赠者方可享受在计算缴纳企业所得税和个人所得税时全额扣除的优惠政策。除此之外，接受定向捐赠或转赠，必须经中国红十字会总会认可，捐赠者方可接受在计算缴纳企业所得税和个人所得税时全额扣除的优惠政策。

8. 体育事业

《财政部　税务总局　海关总署关于北京2022年冬奥会和冬残奥会税收政策的通知》（财税〔2017〕60号）第三条第三项规定："个人捐赠北京2022年冬奥会、冬残奥会、测试赛的资金和物资支出可在计算个人应纳税所得额时予以全额扣除。"

4.7.4　如何在所得中扣除公益捐赠支出

1. 居民个人在综合所得中扣除公益捐赠支出

居民个人在综合所得中扣除公益捐赠支出，可以选择在预扣预缴时扣除，也可以选择在年度汇算清缴时扣除。选择在预扣预缴时扣除的，应按照累计预扣法计算扣除限额，其捐赠当月的扣除限额为截至当月累计应纳税所得额的30%。个人从两处以上取得工资薪金所得，选择其中一处扣除，选择后当年不得变更。

居民个人取得劳务报酬所得、稿酬所得、特许权使用费所得，预扣预缴时不扣除公益捐赠支出，统一在办理年度汇算时扣除。

居民个人取得全年一次性奖金、股权激励等所得，且按规定采取不并入综合所得而单独计税方式处理的，公益捐赠支出扣除比照分类所得的扣除规定处理。

2. 居民个人在分类所得中扣除公益捐赠支出

居民个人发生的公益捐赠支出可在捐赠当月取得的分类所得中扣除。当月分类所得应扣除未扣除的公益捐赠支出，可以追补扣除。扣缴义务人已经代扣但尚未解缴税款的，居民个人可以向扣缴义务人提出追补扣除申请，退还已扣税款。扣缴义务人已经代扣且解缴税款的，居民个人可以在公益捐赠之日起 90 日内提请扣缴义务人向征收税款的税务机关办理更正申报追补扣除，税务机关和扣缴义务人应当予以办理。

居民个人自行申报纳税，可以在公益捐赠之日起 90 日内向主管税务机关办理更正申报追补扣除。居民个人捐赠当月有多项多次分类所得的，应先在其中一项一次分类所得中扣除。已经在分类所得中扣除的公益捐赠支出，不再调整到其他所得中扣除。

3. 居民个人在经营所得中扣除公益捐赠支出

个体工商户发生的公益捐赠支出，在其经营所得中扣除。合伙企业发生的公益捐赠支出，其个人投资者应当按照捐赠年度合伙企业的分配比例，计算归属于每一个人投资者的公益捐赠支出；个人独资企业分配比例为百分之百，全部归属该投资人。个人投资者应将其归属的个人独资企业、合伙企业公益捐赠支出和本人需要在经营所得扣除的其他公益捐赠支出合并，在其经营所得中扣除。在经营所得中扣除公益捐赠支出，可以选择在预缴税款时扣除，也可以选择在汇算清缴时扣除。

经营所得采取核定征收方式的，不扣除公益捐赠支出。

4. 非居民个人扣除公益捐赠支出

非居民个人发生的公益捐赠支出，未超过其在公益捐赠支出发生的当月应纳税所得额 30% 的部分，可以从其应纳税所得额中扣除。扣除不完的公益捐赠支出，可以在经营所得中继续扣除。

非居民个人按规定可以在应纳税所得额中扣除公益捐赠支出而未实际扣除的，可按照规定追补扣除。

4.7.5 公益捐赠支出扣除时限和要求

公益捐赠支出当年在限额内无法完全扣除，之前的规定是不允许结转，但 2024 年 9 月 5 日实施的《中华人民共和国慈善法》第八十七条规定："自然人、法人和非法人组织捐赠财产用于慈善活动的，依法享受税收优惠。企业慈善捐赠支出超过法律规定的准予在计算企业所得税应纳税所得额时当年扣除的部分，允许结转以后三年内在计算应纳税所得额时扣除。"

虽然企业的公益捐赠支出超出限额的部分可以在三年内结转，但个人的公益捐赠支出目前尚未出台相关规定，目前还不允许结转至以后年度。

个人向公益性社会组织、国家机关进行捐赠时应索取捐赠票据。个人发生公益捐赠时不能及时取得捐赠票据的，可以暂时凭公益捐赠银行支付凭证扣除，并向扣缴义务人提供公益捐赠银行支付凭证复印件。个人应在捐赠之日起90日内向扣缴义务人补充提供捐赠票据,如果个人未按规定提供捐赠票据的,扣缴义务人应在30日内向主管税务机关报告。

机关、企事业单位统一组织员工开展公益捐赠的,纳税人可以凭汇总开具的捐赠票据和员工明细单扣除。个人通过扣缴义务人享受公益捐赠扣除政策,应当告知扣缴义务人符合条件可扣除的公益捐赠支出金额,并提供捐赠票据的复印件,其中捐赠股权、房产的还应出示财产原值证明。扣缴义务人应当按照规定在预扣预缴、代扣代缴税款时予以扣除,并将公益捐赠扣除金额告知纳税人。无论是个人自行办理,还是扣缴义务人为个人代为办理公益捐赠扣除事宜,均应在申报时一并报送"个人所得税公益慈善事业捐赠扣除明细表"。个人应留存捐赠票据,留存期限为5年。

4.8 债券投资纳税筹划

这里所说的债券投资,不是一般的企业债券,而是指国债、教育储蓄、保险等。普通个人通过购买这类理财投资产品获得的收益是不需要缴纳个人所得税的,可以达到合理节税的目的。

1. 国债

国债,又称为国家公债,是国家以其信用为基础,按照债券的一般原则,通过向社会筹集资金所形成的债权债务关系。国债是各种债券投资中最安全的,且可以免征利息税。通过购买国债投资,可以少缴个人所得税。

2. 教育储蓄

教育储蓄是指个人按国家有关规定在指定银行开户、存入规定数额资金、用于教育目的的专项储蓄,是一种专门为学生支付非义务教育所需教育金的专项储蓄。教育储蓄采用实名制,开户时,储户要持本人(学生)户口簿或身份证,到银行以储户本人(学生)的姓名开立存款账户。到期支取时,储户需凭存折及有关证明一次支取本息。

教育储蓄的对象是有限制的,主要是对于学生家庭。相比于普通的银行储蓄,教育储蓄是国家为了鼓励居民积累教育资金而设立的,其最大的特点就是免征利息税。此外,教育储蓄的实得收益比同档次普通储蓄高出20%。

3. 保险

我国税法没有规定保险收益也要扣税。所以选择合理的保险计划,是个不错的理财方法,既能得到有益的保险来保障,又可少缴个税。

4. 其他投资

银行发行的人民币理财产品,还有股票、基金买卖所得差价收益,按照现行税法规定,均暂不征收个人所得税。

4.9 通过转变企业设立形式进行筹划

4.9.1 将私营企业转变为个体工商户

私营企业一般为公司制,适用企业所得税税率为25%。个体工商户不是公司制,但可以从事经营活动,参与市场竞争。个体工商户在规模和管理上,都无法与私营企业抗衡。但是,当企业的经营规模不大时,可以选择个体工商户的形式,能够大大减少税负。按照现行税法规定,私营企业适用税率是25%。而个体工商户适用个人所得税,其适用税率见表4-2。

表4-2 经营所得个人所得税税率

级数	全年应纳税所得额	税率/%	速算扣除数/元
1	不超过30000元的部分	5	0
2	超过30000元至90000元的部分	10	1500
3	超过90000元至300000元的部分	20	10500
4	超过300000元至500000元的部分	30	40500
5	超过500000元的部分	35	65500

案例:秋萍女士投资创办的文化传媒公司2020年度实现利润25万元,文化传媒公司将全部利润进行分配,用于其他用途。那么,其应纳所得税额是多少呢?如果秋萍女士创办的是个体独资企业,其应纳所得税额应为多少?

解析:

2020年度实现利润应纳企业所得税额=25×25%=6.25(万元)。

年终利润分配给投资者的应纳个人所得税额=(25-6.25)×20%=3.75(万元)。

企业和个人共承担的税负=6.25+3.75=10(万元)。

如果秋萍女士将公司改成个体工商户,由于个体工商户只缴纳个人所得税，不缴纳企业所得税。

应纳税所得额为 25 万元，适用税率 20%，速算扣除数 10500 元，则应纳所得税额 = 250000 × 10% − 10500 = 14500（元）。

很显然，税负降低了许多。

4.9.2 将合伙制企业转变为个体工商户

合伙制企业和个体工商户都无须缴纳企业所得税，但在一定的情况下，通过将合伙制企业转变为个体工商户，个人承担的个人所得税会发生变化。

案例：董青和爱人计划成立一家企业，若是合伙制，则夫妻俩各占 50% 股份；若是个体工商户，爱人则作为员工月领工资 3500 元。假设 2021 年度预计企业总收入为 20 万元，合伙制的成本费用为 10 万元，个体工商户的成本费用为 5.8 万元（扣除董青爱人工资 12 × 3500 元）。本案例如何进行纳税筹划？

解析：

(1) 若是个体工商户，2021 年度，董青爱人不需要缴纳个人所得税。董青 2021 年度应纳税所得额 = 200000 − 100000 = 100000（元）。

董青 2021 年度应纳所得税额 = 100000 × 20% − 10500 = 9500（元）。

董青夫妇合计缴纳个人所得税共计 9500 元。

(2) 若是合伙制企业，2021 年度该合伙企业的利润总额为 200000 − 58000 = 142000（元）。

董青夫妇二人分别占 50% 的份额，每人可以分得 71000 元的利润。这样，两人应当缴纳个人所得税税额为（71000 × 10% − 1500）× 2 = 11200（元）。

成立合伙制企业后，董青夫妇多缴纳企业所得税 1700（11200 − 9500）元。

第5章

专项附加扣除纳税筹划

综合所得计算应纳税所得额时准予抵扣专项附加扣除，对于取得经营所得的个人，没有综合所得的，计算其每一纳税年度的应纳税所得额时，符合规定的专项附加扣除应当在办理经营所得个人所得税年度汇算清缴时减除。

专项附加扣除以居民个人一个纳税年度的应纳税所得额为限额，一个纳税年度扣除不完的，不结转以后年度进行扣除。之所以设计这样的制度安排，主要是七项扣除中除了大病医疗，其他六项扣除并非是实际发生额，而是按照标准进行定额扣除，但同时目前因病致贫、因病返贫现象还比较突出，因此政策修订时可以适当考虑对患有大病的个人给予适度倾斜，比如，准予大病医疗进行跨年结转。

5.1 子女教育专项附加扣除筹划

5.1.1 适用范围

子女接受学前教育和全日制学历教育时往往没有收入来源，或者虽有收入但不足以满足其正常学习生活需要，一般需要依靠父母提供经济资助才能完成学业，子女教育费用也成为很多纳税人重要的经济负担，因此该项支出准予在税前扣除。子女既包括婚生子女，也包括非婚生子女，还包括继子女和养子女。继父母、养父母与子女在法律上属于拟制血亲，因此有资格抵扣相关的子女教育专项附加扣除。父母之外的其他人担任未成年人的监护人，也可以比照执行，这意味着子女的范围根据实际情况进行了适当扩展，将纳税人抚养的非子女也涵盖在内。这是很有必要，也很有人情味的制度设计。

未成年人的父母死亡、失踪或者因为疾病、负伤等丧失监护能力，该未成年人的祖父母、外祖父母、哥哥、姐姐以及经未成年人住所地的居民委员会、村民委员会或者民政部门同意的其他愿意担任监护人的个人（包括该未成年人的舅舅、姑姑、叔叔、伯伯、姨等亲属以及该未成年人父母生前好友等）或者组织均可成为该未成年的监护人。这些监护人与该未成年人虽不构成法律上的父母与子女的关系，却在实际上负责照顾被监护人的生活，资助未成年人学习，因此准予扣除与被其监护的未成年人相关的子女教育费用是合情合理的，同时如果该监护人的子女也在接受全日制学历教育，可同时扣除其子女的教育费用。

子女教育还可以按子女数量进行累加，这与赡养老人存在很大不同。这种制度安排与目前国家放开三胎的政策是相互衔接的。

5.1.2 教育的界定

子女教育可分为学前教育和学历教育两种。学前教育允许抵扣的时间段为子女年满3周岁当月至小学入学前1个月。年满3岁至小学入学前处于学前教育阶段的子女，按照每个子女每月2000元的标准定额扣除，该项强调的是子女的年龄，并未提及其是否实际接受学前教育，以接受的究竟是何种学前教育，是公立幼儿园、私立幼儿园，还是民营早教机构。

幼儿园放寒暑假期间，纳税人在此期间内虽不用再缴纳学费，却仍可以抵扣子女教育。比如，张三的儿子于7月结束幼儿园教育，9月才入小学，那么8月张三仍旧可以学前教育的名义进行抵扣。

学历教育允许抵扣的时间段为子女接受全日制学历教育入学的当月至全日制学历教育结束的当月。学历教育包括义务教育（小学至初中）、高中阶段教育（含普通高中、中等职业教育）和高等教育（大学专科、大学本科、硕士研究生、博士研究生）。因病或其他非主观原因休学但学籍继续保留的休学期间、学校按规定组织实施的寒暑假等假期并不用单独剔除，仍允许抵扣，可以适当减轻父母的实际税负。同学历教育之间的衔接期，比如，初中毕业至高中开学的这段时间，性质类似于暑假，也应归入允许抵扣的时间段。

孩子在大学期间响应国家号召参军，学校为其保留学籍，在其服役期间，父母仍旧可以抵扣子女教育费用。

案例：甄雪因在大学期间学习成绩优异而被保送就读本校硕士研究生，当年7月本科毕业后便回家休暑假，而其父甄雷一直抵扣与甄雪相关的子女教育专项附加扣除。9月底，甄雪参加当地事业人员招录并被顺利录取。甄雪认为，这个工作机会难得，于是便向学校表示自己不再继续攻读硕士研究生。如此一来甄雪从7月便已结束学历教育，可是甄雷却已抵扣了8月和9月的子女教育专项附加扣除。该如何操作呢？

解析：甄雷抵扣8月和9月的子女教育专项附加扣除是基于其女甄雪继续攻读硕士研究生的打算，可甄雪中途改变了主意，造成甄雷多抵扣了该项专项附加扣除。甄雷如果有工作单位，年度中间相关信息发生变化的，应当及时更新"个人所得税专项附加扣除信息表"相应栏次，并报送给扣缴义务人，也就是其所在单位。扣缴义务人应当将纳税人报送的专项附加扣除信息，在次月办理扣缴申报时一并报送至主管税务机关。如果甄雷是自由职业者，并无工作单位，应当在次年3月1日至6月30日内，自行向汇缴地主管税务机关报送新"个人所得税专项附加扣除信息表"，并在办理汇算清缴申报时据实扣除。

子女在境外接受学历教育，父母依然可以在境内抵扣，但应当留存境外学校录取通知书、留学签证等相关教育的证明资料备查。参加"跨校联合培养"的学生需要分别在境内、境外学习一段时间，无论是在哪里学习，父母均可以进行抵扣。对于子女教育中子女的具体年龄，目前政策并没有具体的限定，从幼儿园一直到全日制博士研究生的教育费用，父母均可以进行抵扣。残障儿童接受的特殊教育也可以抵扣。

5.1.3 子女的继续教育问题

子女教育专项附加扣除中的学历教育必须是全日制教育。假如子女因为学习成绩较差，并非考入普通院校接受全日制学历教育，同时又想不断提升自己，于是参加了继续教育，但该子女本人又没有工作，此时该如何抵扣呢？

个人接受本科及以下学历（学位）继续教育，符合规定扣除条件的，可以选择由其父母扣除，也可以选择由本人扣除，但同一学历教育不能同时扣除。注意，本科以上的继续教育不能自由选择，只能由本人抵扣，因为接受硕士研究生、博士研究生继续教育的人的年龄往往会比较大，一般情况下也会有一定的收入来源，由其本人从继续教育项目进行抵扣，无疑更为合理。

对于本科及以下学历（学位）继续教育，可以由当事人自主进行选择。继续教育的抵扣标准是每月400元，而子女教育的抵扣标准是每人每月2000元，若是选择由其父母抵扣，到底是抵扣2000元还是400元呢？文件虽然对此并未明确，但该条款在继续教育项下，而并非在子女教育项下，而且子女教育中所指教育明确为全日制教育，不含继续教育，因此其父母只能扣除400元。

在这种情况之下，选择由谁来扣除要结合各自收入进行统筹考虑，如果父母的年龄均未满60周岁，母亲没有收入，父亲每月工资薪金所得减去专项扣除等扣除项后为4500元，无论其是否抵扣属于继续教育的400元，均无须缴税。而儿子每月工资薪金所得减去专项扣除等扣除后为5400元，原本应该每月预缴12元的个人所得税税款，如果由其抵扣继续教育，那么他便不再需要每月进行预缴，如果不考虑其他因素，年度汇算清缴时也不需要补缴税款。

5.1.4 抵扣的方式

考虑到教育形式的多样化和教育费用的差异化，子女教育扣除并非按照实际发生额扣除，而是按照每人每月 2000 元的标准进行定额扣除，不同区域、不同教育阶段实行统一扣除标准，从而降低了征纳成本，也防范了道德风险。子女教育到底是由父亲或母亲一方抵扣 2000 元，还是由父亲和母亲各扣除 1000 元，由父母双方协商决定，但具体扣除方式一经确定，一个纳税年度内不得变更。

纳税人享受子女教育专项附加扣除时，应当填报配偶及子女的姓名、身份证件类型及号码、子女当前受教育阶段及起止时间、子女就读学校以及本人与配偶之间扣除分配比例等信息。

5.1.5 特殊问题探讨

《个人所得税专项附加扣除暂行办法》对子女教育规定较为详尽，考虑的也较为周全，却也有一些空白点，比如，年度中间子女死亡，究竟是从死亡次月起停止抵扣，还是可以像赡养老人那样抵扣到当年年底，对此并没有予以明确。

对一些疑难的民事问题更是缺乏具体规定，只能由当事人协商解决。若是当事人因利益冲突难以达成一致意见，只得应用民法相关原则来进行判定。

案例：幼儿园放学时，男孩小明被人贩子哄骗走，带至另一城市，而居住在该城市的姜姓夫妇结婚后一直都未曾生育，于是便从人贩子手中将小明买下，并为其办理落户，供养其上学，而小明的教育费用也一直由其姜姓夫妇抵扣。小明的亲生父母张姓夫妇一直在苦苦追寻儿子的下落，同时也继续抵扣他的教育费用。警方发现了小明的踪迹并通过 DNA 比对后确定其就是失踪的小明。小明丢失期间的教育费用应该由谁来抵扣？小明被警方找到后，他的教育费用究竟是由养父母，还是亲生父母来抵扣？

解析：收买被拐卖儿童属于犯罪行为，应当处 3 年以下有期徒刑、拘役或者管制。法定最高刑不满 5 年的，诉讼时效为 5 年。警方发现小明时，如果收买时间已经超过 5 年，警方便不会再追究姜姓夫妇的刑事责任，但小明与姜姓夫妇之间并不存在合法的收养关系，自然也就不受法律保护，从这种意义上讲，姜姓夫妇并非小明的合法养父母，自然也就不能按照《个人所得税专项附加扣除暂行办法》第二十九条的规定比照执行，因此姜姓夫妇自然也就无权抵扣与小明相关的子女教育费用。

张姓夫妇在丢失小明后还可以继续抵扣与小明有关的子女教育费用吗？现有文件对此并没有明确规定，但从法理上来判断不应再进行抵扣，应当及时更新"个人所得税专项附加扣除信息表"相应栏次，从丢失次月起停止扣除。如果孩子在当年找到了，也就意味着张姓夫妇未足额享受专项附加扣除，可以在当年内向支付工资、薪金的扣缴义务人申请在剩余月份发放工资、薪金时补充扣除，也可以在次年3月1日至6月30日内，向汇缴地主管税务机关办理汇算清缴时申报扣除。当然也可对此做出某种照顾性安排，比如，如果子女在年度中间丢失可以抵扣到当年年底，因为丢失的孩子还有找回的可能，而且丢失孩子的父母处在巨大的悲痛之中，往往顾不上及时修改相关信息。

小明被警方找到后，其教育费用应该由谁来抵扣呢？如果小明被找到时已年满18周岁，那么他已经具有完全行为能力，有权自主决定是继续生活在养父母家庭，还是回到亲生父母身边。如果小明选择与养父母生活，而养父母也继续供养其上学，那么此时养父母是否有权抵扣子女教育费用？目前对这一问题，相关政策也不太明确，如果从收养关系不合法的角度看，似乎不应予以抵扣；可此时继续留在养父母的家庭生活是具有独立思考能力的成年子女自主且真实的意思表示，而且考虑到成年子女的教育费用较未成年时会更高，如果该成年子女已经在养父母家庭之中取得相关户籍而且得知亲生父母存在的消息后并没有变更的意图，建议养父母可以抵扣子女教育。

5.2 继续教育专项附加扣除筹划

5.2.1 学历（学位）继续教育的认定标准

准予抵扣的学历继续教育只包括在中国境内接受的教育，在境外接受的学历教育暂时不允许抵扣，允许抵扣的时间为接受学历（学位）继续教育入学的当月至学历（学位）继续教育结束的当月，在学历（学位）教育期间，本人可以按照每月400元的定额来进行扣除。继续教育的定额扣除标准低于子女教育主要是因为继续教育并非必需品，而接受继续教育，尤其是硕士以上继续教育的纳税人一般都有一定的收入，学费承担能力更强一些，给家庭带来的负担更小一些。

继续教育期间，因病或者其他原因休学但保留学籍，可以继续抵扣；学校按照规定组织实施的寒、暑假期间也可以抵扣，但同一学历（学位）继续教育的扣除期限不能超过 48 个月，这主要是为了督促纳税人按时完成学业，因个人休学等迟迟无法完成学业，超过 4 年的相关费用将不允许抵扣。

如果结束一项学历（学位）继续教育，又开始另一项学历（学位）继续教育，比如，先攻读管理学在职硕士，后又攻读管理学在职博士，那么可以分别最多扣除 48 个月。如果同时攻读两项学历（学位）继续教育，比如，某网络写手为写好历史小说，在攻读文学在职硕士的同时，又攻读历史学在职硕士，且两者期间完全重合，可以选择其中一项填报即可；如果二者时间不完全重合，那么在重合期间内选择一项填报，在不重合期间内按实际情况分别填报。

5.2.2 学历（学位）继续教育与子女教育的区别

若想精确区分某项教育支出究竟是按继续教育抵扣，还是按子女教育抵扣，最关键的便是科学界定继续教育和全日制教育。继续教育是已参加工作和负有成人责任的人所接受的再教育，是终身学习体系的重要组成部分，是对专业技术人员进行知识更新、补充、拓展和能力提高的一种追加教育，目前主要包括五类，分别是成人高等教育、高等教育自学考试、电大现代远程开放教育、网络大学和普通高校在职教育。

成人高等教育、高等教育自学考试、电大现代远程开放教育等三种方式都曾经在历史上发挥过重要作用，当时人们的教育水平普遍偏低，很多人参加工作时都是初中学历、高中学历或者中专学历，通过上述方式可以取得大专学历或者大学本科学历，但随着越来越多的人有机会接受普通高等教育，而且成人高等教育、高等教育自学考试、电大现代远程开放教育等方式又相对落后，更多的人倾向于选择网络大学，主流也变为专科起点升本科，即专升本。

上述四种继续教育方式的共同特点是最高教育层次一般为本科。由于只有在中国境内接受的继续教育才准予抵扣，对于境内本科及以下教育，区分继续教育与全日制教育无疑更简单一些，以本科和专科为例，参加高考并被普通高等院校录取所受的教育是全日制教育，通过高考以外的形式，比如，成人高考、高自考、电大、网络大学等形式接受的教育，均为继续教育。

普通高校在职教育类型更为多样，主要有研究生班（只发放结业证）、研究生学位教育（只发放学位证）、研究生学历教育（同时发放学位证和毕业证)。对于研究生教育,尤其是硕士研究生教育,区分全日制教育和继续教育会有些困难,因为毕业后同时取得学位证和毕业证的人并非都是全日制,但两者的证件几乎没有任何区别,甚至一模一样,个别高校还会在在职双证硕士研究生的证书上注明"全日制"字样。

教育部办公厅曾专门下发了《关于统筹全日制和非全日制研究生管理工作的通知》(教研〔2016〕2号),对全日制和非全日制研究生加以明确。

全日制研究生是指符合国家研究生招生规定,通过研究生入学考试或者国家承认的其他入学方式,被具有实施研究生教育资格的高等学校或其他高等教育机构录取,在基本修业年限或者学校规定年限内,全脱产在校学习的研究生。

非全日制研究生是指符合国家研究生招生规定,通过研究生入学考试或者国家承认的其他入学方式,被具有实施研究生教育资格的高等学校或其他高等教育机构录取,在基本修业年限或者学校规定的修业年限(一般应适当延长基本修业年限)内,在从事其他职业或者社会实践的同时,采取多种方式和灵活时间安排进行非脱产学习的研究生。

两者最本质的区别是是否全脱产,而并非是否取得双证,也并非是证书上是否注明"全日制"字样。

个人接受本科及以下学历(学位)继续教育,符合扣除条件的,可以选择由其父母扣除,也可以选择由本人扣除。对于归属继续教育范畴的研究生教育,只能由本人扣除,不能由其父母扣除。

5.2.3 职业资格继续教育

技能人员职业资格继续教育、专业技术人员职业资格继续教育,在取得相关证书的当年,按照3600元定额扣除,同时应当留存相关证书等资料备查。艺术、体育运动等属于个人兴趣爱好的培训与职业技能关联度不高,暂不纳入抵扣范畴。

职业资格继续教育必须取得相关证书,且该证书必须列入公布的国家职业资格目录之中,共计139项。专业技术人员职业资格共计58项,其中,准入类35项,水平评价类23项;技能人员职业资格共计81项,其中,准入类5项,水平评价类76项。纳税人抵扣之前先要检查是否在国家职业资格目录之中,在境外接受的职业资格继续教育不允许抵扣。

5.2.4 子女教育与继续教育能否同时抵扣

同一教育事项自然不能重复抵扣,但两者也并非如后面提到的住房贷款利息和住房租金那样绝对不能同时享受。

比如，甲正在攻读法学博士研究生，那么他的父母自然可以抵扣子女教育，而他在学习之余在某律师事务所从事辅助性工作，取得劳务报酬所得，同年取得法律职业资格，那么他在年度汇算清缴时便可抵扣继续教育3600元。

甲的同班同学乙硕士研究生毕业后便在律师事务所工作，他后来为了继续深造考取了在职博士，那么他便可以抵扣继续教育，同时又取得法律职业资格，那么他可以享受叠加扣除，在每月扣除400元的同时，还可以在当年扣除属于职业资格继续教育的3600元。

5.3 大病医疗专项附加扣除筹划

5.3.1 大病认定标准以实际支付的金额为准

大病的判定并非按病种和病情来判定，而是按一个纳税年度内医保目录范围内自付金额的多少来确定。比如，癌症虽然是大病，如果纳税年度内实际支付的金额未达到相关标准，也不能认定为大病，而某人患上流感，因引起并发症而住院，如果实际支付金额达到标准便可以认定为大病。在一个纳税年度内，无论患什么病，只要个人医保账户中医保目录范围内自付部分的金额超过了15000元，便认定达到了大病医疗专项附加扣除所规定的"大病"标准，便可以扣除该项专项附加扣除。

5.3.2 以医保目录范围内自付的金额为计算依据

在一个纳税年度内，纳税人发生的与基本医保相关的医药费用支出，扣除医保报销后个人负担累计超过15000元的部分，由纳税人在办理年度汇算清缴时，在80000元限额之内，在医疗保障信息系统记录的医药费用实际支出的金额可以据实扣除，不过要把握以下两个关键点。

一是通过个人医保账户记账并支付的医药费支出才符合要求，其他未通过个人医保账户支付且支出后也未按规定在个人医保账户报销的支出，不计为大病医疗专项附加扣除的计算基础。

二是在医保目录范围内并由纳税人自付的医药费用支出，才准许计入计算基数之中。虽然是通过个人医保账户支付，但超出医保目录范围的医药费用支出,也不能作为大病医疗专项附加扣除的计算基础。

案例:刘冰于 2020 年因为心脏手术共支付医药费用 25.25 万元,其中未使用个人医保账户自费购药 3.89 万元,使用个人医保账户支付医药费用 21.36 万元,其中医保报销费用 11.28 万元,自费部分 10.08 万元。在 10.08 万元的自费部分中,属于医保目录范围内的为 1.79 万元,非医保目录范围内的为 8.29 万元。刘冰于 2021 年 3 月 1 日到 6 月 30 日对其 2020 年度综合所得个人所得税进行汇算清缴时,可以作为大病医疗计算基数的支出仅为 1.79 万元。

目前,对此项专项附加扣除争议较大的地方也在此,文件规定的个人负担仅仅指医保目录范围内的自付部分。虽然各地医保报销比例不尽相同,实际报销比例要明显低于名义报销比例,这主要是因为在接受医疗救治过程中很多药品和医疗服务在医保目录范围之外,需要患者全额自费承担。

各地报销比例不一致,按照住院报销比例 90% 计算,那么医保目录范围内的自付部分要达到 15000 元,也就意味着医保目录范围内的总费用要达到 15 万元,才可以进行抵扣。由于不同疾病、不同医疗方案,实际负担比例也会存在较大差异。一般而言,住院费用实际自己负担的比例为 40%~50%,医保目录范围之外的药品和医疗服务在总费用之中的占比也往往为 30%~40%,也就是住院总费用一般要达到 20 万元左右时才能抵扣大病医疗,而自己承担的费用往往在 10 万元左右,这时医保目录范围内的自付部分只有 1.5 万元左右,刚刚过了门槛。这个门槛对于普通工薪阶层而言,未免有些偏高。

其实政策制定时,主要考虑的是对医保目录范围外的医药费难以进行有力管控,哪些是合理的必要支出,哪些是不合理的非必要支出,税务部门是难以进行判定的,因此才将自付范围仅仅限定为医保目录范围之内。

5.3.3 在限额之内据实扣除

其他五项扣除均不是据实扣除,而是定额扣除。在六类专项附加扣除之中,只有大病医疗专项附加扣除采用的是限额内据实扣除的方式,设定了上限和下限,也就是纳税人在一个纳税年度内医保目录范围内自付金额 15000 元之上的部分可以扣除,但扣除额度不能超过 80000 元。之所以设定下限,是因为此项扣除是"大病医疗",而并非"医疗",况且基本医疗保险之中也有门槛费,设置下限是通用做法。设置上限是为了堵塞征管漏洞,以免被极少数别有用心的高收入者所利用。

5.3.4 按照个人医保账户分别计算并确定扣除额

我国基本医疗保险采取的是个人账户核算的方式负担保险支出。基本医疗保险基金由社会统筹基金和个人账户构成,职工个人的基本医疗保险费全部计入个人账户。统筹基金和个人账户要划定各自的支付范围,分别核算,不得互相挤占。机关事业单位职工基本医疗保险、城镇居民基本医疗保险也采取这种个人账户核算方式。

基于上述模式,大病医疗专项附加扣除是按人来分别确定扣除额的,扣除额的计算以每个个人账户为单位,而不是以家庭为单位。一个家庭中参加基本医疗保险的人员,在大病医疗保险专项附加扣除计算中,是按照每个参保人员分别进行计算的。

5.3.5 实际扣除人可由家庭成员自主决定

虽然确定大病医疗专项附加扣除的扣除额时要分人来计算,但考虑到大病医疗费支出因花费大,额度高,往往由家庭资产进行支付的客观现实,可以选择由家庭成员来进行扣除。纳税人发生的医药费用支出可以选择由本人扣除,也可以选择由其配偶扣除。未成年子女发生的医药费用支出可以选择由其父母一方来扣除。若是纳税人及其配偶、未成年子女当年均发生医药费用支出,且医保目录内的自负部分均达到了15000元,三人的大病医疗专项附加扣除可以统一由一个人来进行抵扣。这样可以使得医疗费用支出在计算个人所得税前进行充分扣除,但是不能像子女教育专项附加扣除那样各自扣除50%。

5.3.6 只能在个人所得税年度汇算清缴时扣除

其他五项扣除既可以选择在每月预缴税款时扣除,也可以选择在年度汇算清缴时扣除,而大病医疗专项附加扣除只能在综合所得年度汇算时在限额内据实扣除,其扣除额是以实际的医疗费用支出为准,因为只能在年度终了后,纳税人才能准确得知该纳税年度内实际的医药费支出,因此大病医疗专项附加扣除从具体操作层面上只能在年度汇算时予以扣除。纳税人应当留存医药服务收费及医保报销相关票据原件(或者复印件)等资料备查。医疗保障部门向患者提供在医疗保障信息系统记录的本人年度医药费用信息查询服务。

5.4 住房贷款利息专项附加扣除筹划

5.4.1 适用范围

纳税人本人或者配偶单独或者共同使用商业银行或者住房公积金个人住房贷款为本人或者其配偶购买中国境内住房，发生的首套住房贷款利息支出，准予扣除，不过需要把握以下四个关键点：

第一个关键点是"境内"，从个人所得税 App 提供的"房屋坐落地址省市地区"下拉选项来看，"境内"不仅包括内地（大陆）地区，还包括我国港澳台地区。

第二个关键点是"住房"，仅仅指自住房。商铺等投资类房屋以及商住两用房的贷款利息支出不可以扣除。

第三个关键点是"首套"，指的其实并非房产，而是贷款，也就是购买住房享受首套住房贷款利率的住房贷款。纳税人若是对房屋贷款性质界定不清，可以去咨询贷款银行或住房公积金中心。

第四个关键点是"购买主体"，纳税人本人或者配偶单独或者共同使用商业银行或者住房公积金个人住房贷款为本人或者其配偶购买而发生首套住房贷款的利息支出可以抵扣。如果是父母为子女买房，房屋产权证明登记为子女，贷款合同贷款人为父母，则不符合上述规定，父母和子女均不可以享受住房贷款利息扣除。

5.4.2 "认贷"问题

纳税人只能享受一次首套住房贷款的利息扣除，体现了中央"房住不炒"的政策精神，旨在保障公众基本居住需求。

首套住房贷款是指购买住房享受首套住房贷款利率的住房贷款。根据中国人民银行的规定，对于贷款购买首套普通自住房的家庭，贷款最低首付款比例为 30%，贷款利率下限为贷款基准利率的 0.7 倍，具体由银行业金融机构根据风险情况自主确定。对拥有 1 套住房并已结清相应购房贷款的家庭，为改善居住条件再次申请贷款购买普通商品住房，银行业金融机构执行首套房贷款政策。放贷主体必须是境内商业银行（包括在境内注册经营的外资商业银行）或公积金中心，向个人或者财务公司等非银行金融机构贷款买房的,不允许抵扣。

5.4.3 抵扣政策

在实际发生贷款利息的年度,按照每月1000元的标准定额扣除,扣除期限不超过240个月。

婚后夫妻双方只买了一套住房,经夫妻双方约定,可以选择由其中一方扣除,而不能像子女教育专项附加扣除那样选择各自按照50%进行抵扣。根据现行政策,夫妻任意一方婚前买房,婚后继续还贷且婚后夫妻仅有这一套房的,经夫妻双方约定,可以选择由另外一方扣除,而不是只能由购买方扣除。夫妻双方婚前分别购买住房,均发生首套住房贷款,其贷款利息支出,婚后可以选择其中一套购买的住房,由购买方按扣除标准的100%扣除;也可以由夫妻双方对各自购买的住房分别按扣除标准的50%扣除。

父母与子女共同购房,房屋产权证明和贷款合同上均登记为父母和子女,那么此时该由谁来扣除呢?父母、子女肯定不能同时扣除,应该由房屋的主贷人来扣除,如果主贷人是父母,可由父母任意一方来享受。上述具体扣除方式在一个纳税年度内不能变更。纳税人应当留存住房贷款合同、贷款还款支出凭证备查。

案例:丈夫宋国在北京工作,买了一套房子,享受首套房贷款利息并且他已经开始抵扣住房贷款利息。之后,宋国与在天津工作的英子结婚,两人婚前在天津又购置了一套房屋,登记在英子名下,享受首套房贷款利率。英子可以抵扣与天津房屋有关的住房贷款利息吗?

解析:一个家庭一般只能抵扣一套房屋的住房贷款利息,只有夫妻双方在婚前分别购置房屋且都享受首套房贷款利息时,才可以分别抵扣各自房屋,但每人只能抵扣50%。如果宋国继续抵扣北京那套房屋,英子便不能再抵扣天津的房屋。若两人协商由英子来抵扣,而且宋国本人已经停止抵扣,英子才可以抵扣住房贷款利息。

5.5 住房租金专项附加扣除筹划

5.5.1 适用条件

纳税人在主要工作城市没有自有住房而发生住房租金支出,可以进行抵扣，需要满足以下三个条件：

一是主要工作城市，也就是纳税人任职受雇的直辖市、计划单列市、副省级城市、地级市（地区、州、盟）全部行政区域范围。任职受雇地与实际工作地不符，按照实际工作地来确定主要工作城市，比如，某人在廊坊某公司任职，但因工作需要，长期派驻北京，那么北京就是他的主要工作城市。住房租金扣除标准也按照北京的标准。假设某特殊行业的员工流动性很大，一年多次更换工作地点，在不同地点分别租住房屋。只要纳税人及时向扣缴义务人或者税务机关及时更新专项附加扣除相关信息，允许一年内按照不同城市的扣除标准进行扣除。若是纳税人无任职受雇单位，也就是自由职业者，其主要工作城市为受理其综合所得汇算清缴的税务机关所在城市。只有在主要工作城市发生的租金支出才能抵扣，旅游等非工作原因租房子产生的支出不允许抵扣。考虑到夫妻往往合住在一起，同时抵扣很容易产生重复扣除的问题，夫妻双方的主要工作城市为同一城市，只能由一方扣除住房租金支出，若是分别在两地工作，可以同时扣除。

二是没有自有住房，不仅是纳税人自己，纳税人的配偶在该纳税人的主要工作城市也没有自有住房。

三是发生住房租金支出，与承租人签订租赁合同（协议）并按约定支付租金。

合租房屋的纳税人，只要并非夫妻关系，且均与房主签订了规范的租房合同，可以同时享受房屋租金抵扣。员工租住单位提供的宿舍，如果支付租金，便可以抵扣；如果是免费租住，就不可以抵扣。

5.5.2 扣除标准

住房租金抵扣数额并非按照实际发生额进行抵扣，与实际支付的租金数额并没有关联，依旧采用的是定额扣除，但并非采取全国统一的标准，而是根据市辖区户籍人口多少来确定的，而市辖区户籍人口以国家统计局公布的数据为准。

（1）大城市，也就是直辖市、省会（首府）城市、计划单列市以及国务院确定的其他城市，扣除标准为每月1500元。

（2）中型城市，除上述以外市辖区（不包括所属县）户籍人口超过100万的城市，扣除标准为每月1100元。

（3）小城市，市辖区户籍人口不超过100万的城市，扣除标准为每月800元。

除了小城市，大城市和中型城市的租金定额扣除标准均高于住房贷款利息，体现了政策更多地向租房群体倾斜，而租房群体与有房一族相比往往收入更低、负担更重。

5.5.3 扣除方式

住房租金的抵扣期间为租赁合同（协议）约定的房屋租赁期开始的当月至租赁期结束的当月。提前终止合同（协议）的，以实际租赁期限为准。纳税人应当留存住房租赁合同、协议等有关资料备查。夫妻双方主要工作城市相同，只能由一方扣除，不能选择各自按照50%扣除。夫妻双方主要工作城市不同，且各自在其主要工作城市都没有住房的，可以分别扣除。

5.5.4 特殊事项

纳税人及其配偶在一个纳税年度内不能同时分别享受住房贷款利息和住房租金专项附加扣除。

案例：某公司高管大卫在 A 城市工作，公司免费提供公寓供其居住，其本人在 A 城市并不产生租金支出，但在 B 城市有一套房产，而且符合首套房标准，大卫该如何抵扣呢？

解析：扣除住房租金受主要工作城市的限制，而住房贷款利息却并不受主要工作城市的限制，只要是符合首套住房标准，在没有抵扣住房租金的前提下，大卫可以抵扣住房贷款利息。

5.6 赡养老人专项附加扣除筹划

5.6.1 扣除政策

赡养老人专项附加扣除按照每月 3000 元的标准进行定额扣除，允许扣除的期限为被赡养人年满 60 周岁的当月至赡养义务终止的年末。假如被赡养人在 1 月去世，纳税人可以抵扣到当年的 12 月，次年重新调整"个人所得税专项附加信息表"时再予以调整。

5.6.2 "老人"的范围

赡养老人专项附加扣除的定额并不会随着纳税人所赡养老人数量的增加

而增加。与子女教育不同，赡养老人支出未必与所赡养的老人的数量成正比，比如，子女购买的电视，所有老人都可以使用，这也是赡养老人与子女教育制度设计有所差异的原因。

正因为赡养老人定额扣除标准不会随着纳税人所赡养的老人的数量增加而改变，赡养老人所指的"老人"的范围也仅仅限定为纳税人所赡养的年满60周岁的父母以及子女均已去世的年满60岁的祖父母、外祖父母。

其实，在实际生活中需要赡养的老人往往并不局限于此。比如，《民法典》第一千一百二十九条规定："丧偶儿媳对公婆，丧偶女婿对岳父母，尽了主要赡养义务的，作为第一顺序继承人。"既然尽了主要赡养义务的丧偶儿媳和女婿可以与子女一样作为第一顺序继承人，按理说也可以顺理成章地扣除赡养老人费用，但目前的政策并未允许。从目前政策来看，老人的子女死亡，又没有孙子女，那么涉及该老人的赡养费用便无法扣除，可老人依然需要有人去赡养。

5.6.3 扣除方式

若纳税人为独生子女，按照每月3000元的标准进行定额扣除；纳税人为非独生子女，由其与兄弟姐妹或者其他赡养人分摊每月3000元的扣除额度，可以由赡养人均摊或者约定分摊，也可以由被赡养人指定分摊。约定或者指定分摊的须签订书面分摊协议，指定分摊优先于约定分摊。具体分摊方式和额度在一个纳税年度内不能变更。《个人所得税专项附加扣除暂行办法》第二十二条第二项规定："每人分摊的额度不能超过每月1500元。"如果某个家庭生育有两个子女，两人便只能按照各自50%的份额进行扣除，没有其他选择，此时被赡养人的指定分摊也丧失了意义，只能指定两人各按50%。如果一人拒不履行赡养义务，这个限制性条件将会使得实际承担唯一赡养人职责的人难以足额抵扣赡养老人支出。

5.6.4 特殊问题探讨

案例：张大夫妇生育有一子一女，而张大的弟弟张二结婚多年始终未曾婚育，于是张大便将女儿张美丽过继给弟弟张二，并办理了合法的收养手续。张美丽与弟弟张英俊该如何抵扣赡养老人费用？

解析：张美丽被叔叔收养之后，便与叔叔成为法律上的父女，在法律上没有赡养生父张大的义务，也没有继承生父张大财产的权利，因此张美丽便成为张二家庭的独生女，而张英俊也成为张大家庭的独生子。若是张大夫妇至少有一人年满60周岁，张二夫妇至少有一人年满60周岁，两人均可以每月抵扣3000元赡养老人费用。

5.6.5 相关的建议

上述问题的解决，只能期待于政策调整，尤其改变赡养老人抵扣定额确定方式。一对夫妇赡养四位老人将成为主流，按照目前政策，若夫妇双方均为独生子女，也就是两人赡养四位老人，每月共计抵扣6000元，赡养每位老人的扣除标准平均为1500元，可以参照该标准将赡养老人的抵扣方式改为子女教育那样，按照每人每月1500元的标准进行累加。出于全社会对老年人生活关爱的考虑，在赡养老人这个专项附加扣除项目中，纳税人所赡养的老人数量最好也不设上限，同时出台相对严格的认定标准，每多赡养一位老人，每月的扣除额度便增加1500元，同时有效拓宽"老人"的外延。

纳税人的祖父母、外祖父母的子女全都丧失赡养能力并由其赡养的，准予其抵扣与祖父母、外祖父母有关的赡养老人费用。丧偶儿媳对超过60周岁的公婆履行赡养义务，丧偶女婿对超过60周岁的岳父、岳母履行赡养义务也可以抵扣。纳税人的其他近亲属（包括舅舅、姑姑、叔叔、伯伯、姨等）超过60周岁无子女或有子女丧失赡养能力由其赡养的，也可以酌情准予抵扣。纳税人的哥哥、姐姐超过60周岁且无子女或有子女丧失赡养能力由其抚养的，也可以酌情或者减半予以抵扣。六项专项附加扣除几乎涵盖了纳税人主要支出项目，相对之前的个人所得税制度是一个重大进步，但有必要增加子女抚养的扣除期间，扣除期间设定为出生后（或母亲产假、哺乳假结束的当月）至接受学前教育的前一个月。这个年龄段的孩子虽然并未发生教育费用支出，但抚养成本越来越大。

5.7 婴幼儿照护专项附加扣除筹划

5.7.1 适用范围

扣除主体为3岁以下婴幼儿的监护人，该婴幼儿的亲生父母、继父母、养父母可以抵扣，其他人员担任婴幼儿的监护人也可以比照执行。这项抵扣政策坚持"实质重于形式"的原则，由婴幼儿的实际监护人享受，婴幼儿的亲生父母因疾病、伤残等丧失监护人资格或者因遗弃、虐待等被剥夺监护人资格则不能享受，这种制度设计有利于婴幼儿的健康茁壮成长。

之前 3 岁以下婴幼儿的监护支出不能抵扣，但照护这类婴幼儿的费用支出常常是比子女教育的开支还要大，在国家鼓励"三胎"的大背景之下，这也是国家积极为婴幼儿父母减负的系列政策之一。

无论婴幼儿在国内出生，还是国外出生，其监护人都可以享受扣除相关政策。

5.7.2 抵扣方式

从婴幼儿出生的当月至满 3 周岁的前一个月，其监护人都可以享受这项专项附加扣除，比如 2022 年 5 月出生的婴幼儿，一直到 2025 年 4 月，其父母都可以按规定享受此项专项附加扣除政策。满 3 周岁便可抵扣子女教育，两项专项附加扣除相互衔接，能够有效减轻监护人的纳税负担。

按照每个婴幼儿每月 2000 元的标准进行定额扣除，自 2022 年 1 月 1 日起便可抵扣。父母可以选择由其中一方按扣除标准的 100% 扣除，也可以选择由双方分别按扣除标准的 50% 扣除，具体扣除方式在一个纳税年度内不能变更。

有多个婴幼儿的父母，可以对不同婴幼儿选择不同的扣除方式，比如，对婴幼儿甲可以选择由一方按照每月 2000 元的标准进行扣除，对婴幼儿乙可以选择由双方分别按照每月 1000 元的标准扣除。对于重组家庭，具体扣除方法由父母双方协商决定，但一个婴幼儿扣除总额不能超过每月 2000 元，扣除主体不能超过两人。

如果纳税人在婴幼儿出生当月没有享受专项附加扣除，可以在当年的后续月份发工资时追溯享受专项附加扣除，也可以在次年办理汇算清缴时一次性享受。

第6章 个人所得税纳税筹划典型案例

6.1 个人所得税应税项目转化的纳税筹划

居民个人柯宇是一名研发人员,目前退休在家。有一家软件公司想聘请柯宇担任技术顾问,聘请时间为当年的1—12月,每月可获得的报酬为3万元,目前有两种工作方案可供其选择。

方案一:与软件公司签订劳务合同,不成为正式雇员。

方案二:与软件公司签订劳动合同,成为正式雇员,不考虑其他专项扣除和专项附加扣除。

解答:若不成为正式雇员,则柯宇每月应按劳务报酬所得缴纳个人所得税。

每月应纳个人所得税 = 30000 × (1 - 20%) × 30% - 2000 = 5200(元)。

当年应纳个人所得税合计 = 5200 × 12 = 62400(元)。

若成为正式雇员,则柯宇每月应按工资、薪金所得缴纳个人所得税。

当年应纳个人所得税合计 = (30000 × 12 - 5000 × 12) × 20% - 16920 = 43080(元)。

两种方案的对比见表6-1。

表6-1 税额计算

项目	方案一/元	方案二/元	税额差/元
当年应纳个人所得税合计	62400	43080	19320
应选方案	方案二		

结论:方案二比方案一少缴纳个税19320元,应选方案二。

筹划点评:

变换个人应税所得的形式有可能达到降低个人所得税负的目的,但要注意发放的工资、薪金应当为合理的工资、薪金,以避免税务机关进行纳税调整。

6.2 个人所得税税收优惠及其他方面的纳税筹划

本年1月,北京丰源电子有限公司购买了一辆价值320000元的小汽车(取得了增值税专用发票),打算作为红利送给本公司股东林山。林山每年工资、薪金总额均为 260000 元，本年专项扣除、专项附加扣除和依法确定的其他扣除合计为 30000 元，未取得其他收入。关于车辆所有权的归属，目前有两种方案可供选择。

方案一：将车辆所有权办到股东林山名下。

方案二：将车辆所有权办到北京丰源电子有限公司名下，仅将车辆使用权交给林山。

解析：若将车辆所有权登记在股东林山名下，则相当于将小汽车作为红利送给本公司股东林山，林山需要按利息、股息、红利所得计算缴纳个人所得税。

红利所得应纳个人所得税 = 320000 × 20% = 64000（元）。

工资、薪金所得应纳个人所得税 =（260000 - 60000 - 30000）× 20% - 16920 = 17080（元）。

当年应纳个人所得税合计 = 64000 + 17080 = 81080（元）。

若将车辆所有权登记在公司名下，则林山当年只需缴纳工资、薪金所得的个人所得税。

当年应纳个人所得税合计 =（260000 - 60000 - 30000）× 20% - 16920 = 17080（元）。

两种方案的对比见表 6 - 2。

表 6 - 2 税额计算

项目	方案一/元	方案二/元	税额差/元
当年应纳个人所得税合计	81080	17080	64000
应选方案	方案二		

结论：方案二比方案一少缴纳税额 64000 元，应选方案二。

筹划点评：采用此方法进行纳税筹划，前提是车辆的所有权归公司，还需要公司与股东达到一致意见。

6.3 个人所得税计税依据及税率的纳税筹划

张辉打算成立一家电子企业，目前有两种方案可供选择。

方案一：成立个人独资企业，每年利润总额（应纳税所得额）为

1100000 元，并且将利润全部分配给张辉。

方案二：成立一人有限责任公司，每年利润总额为 1100000 元，没有企业所得税纳税调整项目（应纳税所得额＝利润总额），不符合小型微利企业条件，税后利润提取法定盈余公积 10% 后全部分配给股东张辉。今年张辉除了获取上述所得之外，没有取得综合所得。

解析：个人独资企业不需要缴纳企业所得税。

取得经营所得的个人，没有综合所得的（工资、薪金所得，稿酬所得，劳务报酬所得，特许权使用费所得），计算其每一纳税年度的应纳税所得额时，应当减除费用 60000 元，张辉当年没有取得综合所得，应减除费用 60000 元。应纳企业所得税为零。投资者张辉经营所得应纳个人所得税总额＝（1100000－60000）×35%－65500＝298500（元），应纳税额合计为 298500 元。

具有法人资格的企业（股份有限公司、有限责任公司）需要缴纳 25% 的企业所得税。

个人从股份有限公司和有限责任公司分配的税后利润需要按照利息、股息、红利所得缴纳 20% 的个人所得税。有限责任公司应纳企业所得税＝1100000×25%＝275000（元）有限责任公司向股东张辉分配的利润合计＝825000－82500＝742500（元），股东张辉的利息、股息、红利所得应纳个人所得税总额＝742500×20%＝148500（元），应纳税额合计＝275000＋148500＝423500（元）

两种方案的对比见表 6－3。

表 6－3 税额计算

项目	方案一/元	方案二/元	税额差/元
应纳企业所得税	0	275000	－275000
应纳个人所得税	298500	148500	150000
应纳税合计	298500	423500	－125000
应选方案	方案一		

结论：方案一比方案二少缴纳税额 125000 元，应选方案一。

筹划点评：成立不具有法人资格的企业（个体工商户、个人独资企业、合伙企业），而非具有法人资格的企业，一方面，不利于扩大单位的经营规模和实现长期发展；另一方面，不具有法人资格的企业的投资人以其个人财产对企业债务承担无限责任,因此,纳税人应综合考虑,权衡利弊,做出合理的决策。

6.4 个人所得税纳税人的纳税筹划

张先生与张太太,3年前(婚后)在北京购买了首套住房,贷款200万,贷款期限30年。张先生是家中独生子,父母于去年均年满60周岁,本年度获取正常工资薪金收共计为280000元,每月依法可扣除的五险一金共计为2200元,专项附加扣除只有赡养老人和住房贷款利息符合税法扣除规定;张太太本年度获取正常工资薪金收入共计180000元,每月依法可扣除的五险一金共计为1500元,专项附加扣除只有住房贷款利息符合税法扣除规定。张先生与张太太本年无其他收入。目前有两种方案可供选择。

方案一:对于住房贷款利息专项附加扣除,选择张先生一方按扣除标准的100%扣除。

方案二:对于住房贷款利息专项附加扣除,选择张太太一方按扣除标准的100%扣除。

解析:纳税人本人或配偶,单独或共同使用商业银行或住房公积金个人住房贷款,为本人或其配偶购买中国境内住房,发生的首套住房贷款利息支出,在实际发生贷款利息的年度,按照每月1000元(每年12000元)的标准定额扣除,夫妻双方可约定选择由其中一方扣除,确定后,一个纳税年度内不得变更。

方案一:赡养一位及以上被赡养人的赡养支出,纳税人为独生子女的,按照每月3000元的标准定额扣除。

住房贷款利息专项附加扣除12000元由张先生扣除,且张先生本年度还可以扣除赡养老人专项附加扣除36000元。张先生综合所得的应纳税所得额 = $280000 - 60000 - 2200 \times 12 - 1000 \times 12 - 3000 \times 12 = 145600$(元),张先生综合所得的应纳个人所得税 = $145600 \times 20\% - 16920 = 12200$(元)。张太太综合所得应纳税所得额 = $180000 - 60000 - 1500 \times 12 = 102000$(元),张太太综合所得应纳个人所得税 = $102000 \times 10\% - 2520 = 7680$(元)。张先生和张太太综合所得应纳个人所得税合计 = $12200 + 7680 = 19880$(元)。

方案二:住房贷款利息专项附加扣除12000元由张太太扣除;张先生只扣除赡养老人专项附加扣除36000元。

张先生综合所得的应纳税所得额 = 280000 - 60000 - 2200 × 12 - 3000 × 12 = 157600（元），张先生综合所得的应纳个人所得税 = 157600 × 20% - 16920 = 14600（元）。张太太综合所得应纳税所得额 = 180000 - 60000 - 1500 × 12 - 1000 × 12 = 90000（元），张太太综合所得应纳个人所得税 = 90000 × 10% - 2520 = 6480（元）。张先生和张太太综合所得应纳个人所得税合计 = 14600 + 6480 = 21080（元）。

两种方案的对比见表 6 - 4。

表 6 - 4 税额计算

项目	方案一/元	方案二/元	税额差/元
张先生年度应纳个人所得税	12200	14600	-2400
张太太年度应纳个人所得税	7680	6480	1200
年度应纳个人所得税合计	19880	21080	-1200
应选方案	方案一		

结论：方案一比方案二少缴纳个税 1200 元，应选方案一。

筹划点评：夫妻双方选择由综合所得高且适合个人所得税边际税率高的一方按扣除标准 100% 扣除，实际上降低了夫妻双方整体的个人所得税税率，从而降低夫妻双方整体的个人所得税税负。

6.5 个人所得税纳税筹划综合案例

张先生和王女士是夫妻，在同一城市上班，两人婚前各有一套住房，办理贷款时均享受首套房贷款利率，双方约定各按 50% 进行扣除，张先生婚前房产已还款并扣除了 241 个月，王女士婚前房产已还款并扣除了 240 个月。两人育有两子两女，大儿子是武汉某大学大二学生，二儿子参加高考落榜，现在北京某大学网络学院学习。大女儿 4 岁在某民营培训机构接受早教，小女儿 2 岁在某民营幼儿园接受教育。张先生还有个侄子，自幼父母双亡，由张先生担任其监护人，因嫌工作待遇差辞职后出国，因语言未过关只得在巴拿马某大学函授学院进行半脱产学习。夫妻约定子女教育均由张先生扣除。张先生是某单位会计，今年取得了税务师证书，因酷爱茶艺，还参加相关培训取得茶艺师资格证书；王女士正在就读在职硕士，入学后便开始抵扣相关费用，因忙于工作和家庭事务，读了5年仍未毕业。张先生因工作地点离家太远，便在单位附近租赁了一套住宅，每月支付租金1200元。当年张先生因劳累过度得了一场大病，医保报销后个人负担16000元，其中医保目录范围内的自付部分为10000元，医保目录范围外的自费部分为6000元。张先生的父亲78周岁，母亲61周岁，还有一个哥哥，已经去世了；王女士的父母均已过世，王女士的祖父在其祖母过世后迎娶了比其小30岁的孙女士，后其祖父也去世。由于孙女士未生育子女，一直由王女士对其进行赡养，现年59周岁。王女士还有一个妹妹，因病成为植物人。基于上述情况，张先生和王女士每月各自可享受多少专项附加扣除？

解析：张先生可以享受的专项附加扣除。

住房贷款利息一般只能由夫妻其中一方扣除，但双方在婚前各有一套住房且均为首套房，夫妻两人可以约定各按50%的比例进行扣除。张先生婚前所购住房的抵扣期限已经超过了240个月，因此不能再继续抵扣，但一年内不能变更分摊方式，王女士依然只能按照事先的约定抵扣50%。

子女教育按照每个子女每月2000元的标准进行定额扣除，张先生的大儿子正在大学学习，与其相关的费用可以扣除；二儿子是在境内接受继续教育，尚未工作而无法自己抵扣，可以选择由张先生按照每月400元的标准进行抵扣。4岁的大女儿虽然并未进入幼儿园，却已经在某民营培训机构接受早教，因此与其有关的学前教育可以抵扣。小女儿虽然上了幼儿园，但因未满3周岁，不可抵扣与其有关的学前教育费用，但可以按照每月2000元的婴幼儿照看费抵扣。张先生是侄子的合法监护人，可以扣除与其有关的子女教育，如果本人同意也可扣除与其有关的本科及以下的继续教育专项附加扣除，可侄子是在境外参加继续教育，无法抵扣与其有关的专项附加扣除。

张先生取得税务师证书，可在当年扣除3600元，参加相关培训取得茶艺师资格与工作无关，相关费用不允许抵扣。

住房租金与住房贷款利息不能同时享受，因此，张先生不能抵扣住房租金。关于大病医疗，张先生医保报销后个人负担16000元，貌似是超过了15000元的标准，但专项附加扣除所指个人负担，仅仅包括医保目录范围内的自付费用，不包括医保目录范围外的自付费用，因此张先生不能抵扣大病医疗。

张先生的父亲78周岁，超过了60岁，因此他可以抵扣赡养老人费用，虽然他并非独生子女，但他的哥哥已经去世，按照目前政策，每月可以抵扣3000元。

综上所述，张先生可以抵扣的专项附加扣除为 2000 + 400 + 2000 + 2000 + 3000 = 9400（元），其在当月可抵扣 9400 元，另外，因考取税务师而产生的继续教育费用，可以在当年扣除 3600 元。

王女士可以享受的专项附加扣除。

夫妻两人约定各按 50% 比例扣除住房贷款利息，王女士婚前所购房产已还款并扣除了 240 个月，当月可以扣除 500 元，次月起便不能再抵扣相关费用。

双方约定子女教育均由张先生进行抵扣，因此王女士便不得再重复抵扣。

王女士正在就读在职硕士，但抵扣期限已经超过了 48 个月，因此不能继续抵扣。王女士的外祖母孙女士虽然与其并无血缘关系，但在法律上属于拟制血亲，可以扣除与其相关的赡养费用，但王女士还有个植物人妹妹，完全丧失行为能力，即便其没有能力赡养老人，但王女士因自己并非独生子女，最多可以抵扣 1500 元，可孙女士尚未年满 60 周岁，因此并不符合相关条件。

综上所述，王女士当月可以抵扣 500 元。